Tamara Runow

Was passiert nach dem Brexit?

Auswirkungen auf den Außenhandel von Großbritannien

Bibliografische Information der Deutschen Nationalbibliothek:

Die Deutsche Nationalbibliothek verzeichnet diese Publikation in der Deutschen Nationalbibliografie; detaillierte bibliografische Daten sind im Internet über http://dnb.d-nb.de abrufbar.

Impressum:

Copyright © Studylab 2018

Ein Imprint der Open Publishing GmbH, München

Druck und Bindung: Books on Demand GmbH, Norderstedt, Germany

Coverbild: Open Publishing GmbH | Freepik.com | Flaticon.com | ei8htz

Inhaltsverzeichnis

Abkürzungsverzeichnis

Abkürzung	Bedeutung
Abs.	Absatz
AEUV	Vertrag über die Arbeitsweise der Europäischen Union
APEC	Asia-Pacific Economic Cooperation
Art.	Artikel
ASEAN	Association of Southeast Asian Nation
BIP	Bruttoinlandsprodukt
Brexit	Austritt des UK aus der EU
EFTA	European Free Trade Association
EU	Europäische Union
EUR	Euro
EWR	Europäischer Wirtschaftsraum
EZB	Europäische Zentralbank
FHA	Freihandelsabkommen
GATS	General Agreement on Trade in Services
GATT	General Agreements on Tariffs and Trade
GBP	Great Britain Pound (Britischer Pfund)
LC	Local Content
MFN	Most Favoured Nation
Mio.	Million(en)
NAFTA	North American Free Trade Agreement
NIESR	National Institute of Economic and Social Research
NIGEM	National Institute Global Econometric Model
NTH	Nicht-tarifäre Handelshemmnisse
OECD	Organisation for Economic Co-operation and Development
SEEG	Senior European Experts Group
TTIP	Transatlantic Trade and Investment Partnership

UK	Vereinigtes Königreich
USD	US-Dollar
WTO	World Trade Organisation

Abbildungsverzeichnis

Tabellenverzeichnis

1 Einleitung

„Ein Brexit kann zu erheblichen regionalen und weltweiten Schäden führen, indem er traditionelle Handelsbeziehungen unterbricht."[1] Dieses Zitat von Maurice Obstfeld, Chefökonom des Internationalen Währungsfonds, vom April 2016 impliziert zum einen eine gewisse Abhängigkeit des Wohlstandes des Vereinigten Königreichs von seinen Handelsbeziehungen, zum anderen aber auch eine bedeutende Rolle der Europäischen Union in der Förderung dieser Handelsbeziehungen. Nichtsdestotrotz fällte das Vereinigte Königreich zwei Monate nach Obstfelds Aussage, am 23. Juni 2016, in einem Referendum die Entscheidung, aus der EU auszutreten. Für diesen Austritt hat sich in der öffentlichen Diskussion irreführender Weise der Begriff Brexit (kurz für British Exit) etabliert, der schlussfolgern lässt, dass es sich um einen Austritt Großbritanniens aus der EU handelt. Es steht jedoch lediglich der Austritt des Vereinigten Königreichs, d.h. Englands, Schottlands, Wales' und Nordirlands zur Debatte, nicht jedoch des zu den britischen Inseln gehörenden Irlands.[2] In dieser Arbeit werden dennoch die Bezeichnungen Vereinigtes Königreich und Großbritannien bzw. britisch der Einfachheit halber synonym verwendet.

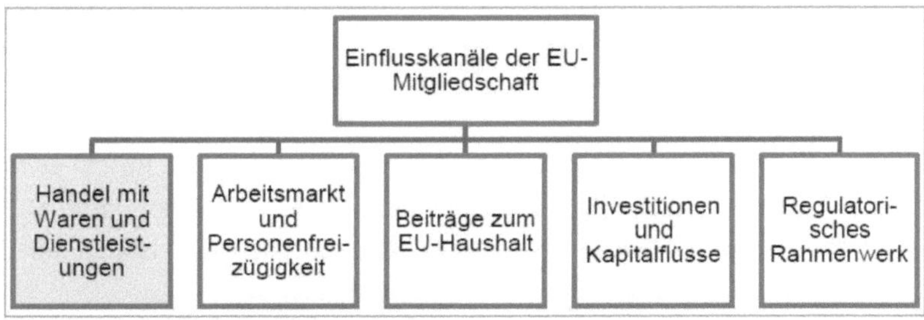

Abbildung 1 Einflusskanäle der Mitgliedschaft in der EU
Eigene Darstellung in Anlehnung an HM Government 2016b, S. 27.

Der in Obstfelds Zitat genannte Handel ist einer der in Abbildung 1 dargestellten fünf Kanäle, über die sich die EU-Mitgliedschaft auf die beigetretenen Länder auswirkt. Im Vorfeld des Referendums haben neben Obstfeld noch viele weitere Wirtschaftswissenschaftler die weitreichenden negativen Folgen für den briti-

---

[1]   Obstfeld 2016, o.S.

[2]   Vgl. Aichele und Felbermayr 2015, S. 5.

schen Handel angeprangert, die ein Brexit mit sich bringen würde[3], während hingegen die Brexit-Befürworter die Ansicht vertraten, dass es dem britischen Außenhandel auch ohne EU-Mitgliedschaft nicht schlechter, sondern gar besser gehen würde.[4] Ziel der vorliegenden Untersuchung ist es deshalb, in Anbetracht dieser divergierenden Meinungen, realistische Auswirkungen auf den britischen Außenhandel herauszuarbeiten, mit denen das UK im Zuge des Brexit möglicherweise zu rechnen haben wird.

Die vorliegende Arbeit untergliedert sich dementsprechend in drei Hauptkapitel. Das zweite Kapitel führt an den eigentlichen Untersuchungsgegenstand heran und verschafft einen Überblick über die Außenhandelstheorie. Es wird auf die Ursachen von grenzüberschreitendem Handel eingegangen und gezeigt, welche Vorteile Handel für die teilnehmenden Länder mit sich bringt. Zudem wird dargelegt, unter welchen Umständen Länder dazu geneigt sein können, Handelshemmnisse einzuführen, welche Ausprägungen diese annehmen können, welche Konsequenzen sie verursachen und welche Formen der wirtschaftlichen Integration es gibt, um Handelshemmnisse zu reduzieren.

Kapitel drei untersucht die aktuellen Handelsbeziehungen zwischen dem UK und der EU, und zeigt, inwiefern das Vereinigte Königreich von der europäischen Integration profitiert hat. Des Weiteren werden die möglichen Auswirkungen auf den Außenhandel des Vereinigten Königreichs dargelegt, die ein Verlust des Binnenmarktzugangs mit sich bringen würde. Diese beziehen sich vor allem auf die Entstehung tarifärer und nicht-tarifärer Handelshemmnisse. Abschließend werden der Verlust sämtlicher Handelsabkommen für das UK näher betrachtet, sowie der einseitige Freihandel und der Abschluss neuer Freihandelsabkommen durch das UK als mögliche Reaktionen hierauf kritisch analysiert.

Das vierte Kapitel führt die in den Mainstream-Studien vor dem Brexit am häufigsten genannten Szenarien zum künftigen Verhältnis zwischen dem Vereinigten Königreich und der EU auf. Dabei handelt es sich um die sogenannten Norwegen-, Schweiz- und WTO-Modelle. Bei der Betrachtung jedes Szenarios wird auf das institutionelle Verhältnis zur EU, die Auswirkungen auf den Außenhandel des UK und seine Eignung für das Vereinigte Königreich eingegangen. Anschließend folgen die Ergebnisse verschiedener Studien, die versucht haben, die Auswirkungen

---

3   Vgl. z.B. Dhingra et al. 2016a, Aichele und Felbermayr 2015, sowie Busch und Matthes 2016a.
4   Vgl. z.B. Economists for Brexit 2016, sowie Mansfield 2014.

des Brexit zu quantifizieren. Abschließend folgt das Fazit mit einem Ausblick für die Zukunft.

2 Bedeutung und Erklärung von Außenhandel

Bevor die Auswirkungen des Brexit auf den Außenhandel untersucht werden, wird zunächst dargelegt, warum es für ein Land überhaupt Sinn macht, seine Grenzen für Handel mit dem Ausland zu öffnen. Anhand von Modellen und Begriffen der Außenhandelstheorie wird so ein Verständnis für die Vorteilhaftigkeit von Handel und Handelsliberalisierung geschaffen.

2.1 Ursachen von Handel

„Im [W]esentlichen gibt es zwei Gründe, warum Länder sich spezialisieren und Außenhandel betreiben:

1. Länder unterscheiden sich [...]
2. *Economies of scale* (oder steigende Skalenerträge) machen es für jedes Land vorteilhaft, sich in der Produktion nur auf eine beschränkte Zahl von Gütern und Diensten zu spezialisieren."[5]

Diesem Zitat aus dem Werk zur Außenwirtschaft von Breuss (2003) folgend, werden im Folgenden komparative Vorteile, die sich aus der Verschiedenartigkeit von Ländern ergeben, und Skaleneffekte durch Massenproduktion als Ursachen für grenzüberschreitenden Handel erläutert. Ergänzend wird auch das gerade für die europäische Integration grundlegende Gravitationsmodell vorgestellt.

2.1.1 Der komparative Vorteil

Die Theorie des komparativen Vorteils wurde durch den englischen Ökonom David Ricardo (1778-1823) begründet.[6] Dieser wies 1817 nach, dass Produktivitätsunterschiede zwischen Ländern dafür sorgen, dass alle teilnehmenden Länder vom Außenhandel profitieren, wenn sie sich auf die Herstellung des Gutes spezialisieren, bei welchem sie über einen komparativen Vorteil verfügen.[7] Zur Veranschaulichung des Prinzips des komparativen Vorteils wird im Folgenden auf ein einfaches Zahlenbeispiel von Krugman und Wells zurückgegriffen. Gegeben sind die beiden Länder USA und Kolumbien, die beide Rosen für den Valentinstag (in Schachteln à 100 Stück) und Computer herstellen. Abbildung 2 zeigt die Produk-

---

[5]   Breuss 2003, S. 109.
[6]   Vgl. Ricardo 1817.
[7]   Vgl. Hofmann 2009, S. 12.

tionsmöglichkeitenkurven, auch Transformationskurven genannt, für beide Güter und beide Länder. Wenn in den USA keine Rosen gepflanzt werden und die gesamten Ressourcen für die Produktion von Computern verwendet werden, können 2000 Computer produziert werden. Werden keine Computer hergestellt, können insgesamt 1000 Rosenschachteln produziert werden. Es sind weiterhin Produktionskombinationen entlang der Produktionsmöglichkeitenkurve möglich. Stellt Kolumbien keine Computer her, können dagegen 2000 Schachteln Rosen produziert werden. Wird ganz auf die Produktion von Rosen verzichtet, können jedoch nur 1000 Computer produziert werden.[8]

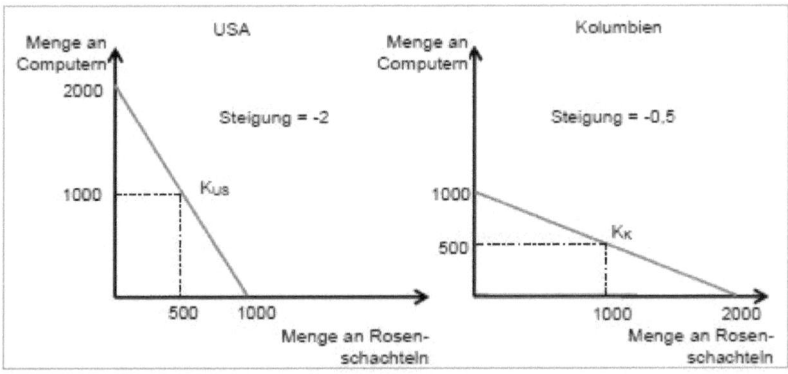

Abbildung 2 Produktionsmöglichkeitenkurven der USA und Kolumbiens
Eigene Darstellung in Anlehnung an Krugman und Wells 2010, S. 532.

Die Menge an hergestellten Computern, auf die ein Land verzichten muss, um eine Rose zu produzieren, wird als Opportunitätskosten bezeichnet. Zum Valentinstag herrschen in Kolumbien beste Witterungsbedingungen für den Anbau von Rosen, es ist für Kolumbien entsprechend leichter, Rosen zu produzieren, als für die USA. Bei Computern produziert Kolumbien jedoch weniger effizient als die USA, da es über weniger qualifizierte Arbeitskräfte verfügt. Die Opportunitätskosten für die Produktion einer Rose, ausgedrückt in Computern, sind in Kolumbien entsprechend niedriger als in den USA. Die Opportunitätskosten für die Produktion einer Schachtel Rosen in den USA belaufen sich – ausgedrückt in Computern – auf 2, d.h. für jede zusätzlich produzierte Schachtel Rosen wird auf die Herstellung von zwei Computern verzichtet. Daraus ergibt sich eine Steigung von -2 der amerikani-

---

[8]   Vgl. Krugman und Wells 2010, S. 529–532.

schen Transformationskurve. Kolumbien muss für jede zusätzlich produzierte Rosenschachtel nur auf die Produktion von 0,5 Computern verzichten, d.h. die Rosenproduktion ist für Kolumbien, relativ gesehen, billiger. Folglich hat Kolumbien einen komparativen Vorteil bei der Produktion von Rosen, die USA hingegen haben einen komparativen Vorteil bei der Herstellung von Computern. Es wird davon ausgegangen, dass in Autarkie, d.h. in einer Situation ohne Handel, in den USA 1000 Computer und 500 Schachteln Rosen (Punkt K_{US} in Abbildung 2) und in Kolumbien 500 Computer und 1000 Rosen (Punkt K_K) für den eigenen Konsum hergestellt werden. Dies kann auch aus Tabelle 1 abgelesen werden. Die Weltproduktion, d.h. USA und Kolumbien zusammengenommen, beträgt in Autarkie 1500 Schachteln Rosen und 1500 Computer.[9]

	Rosen (Schachteln)		Computer	
	Produktion	Konsum	Produktion	Konsum
USA	500	500	1000	1000
Kolumbien	1000	1000	500	500
Gesamt (Welt)	1500	1500	1500	1500

Tabelle 1 Produktion und Konsum in Autarkie
Eigene Darstellung in Anlehnung an Krugman und Wells 2010, S. 533.

Spezialisiert sich nun jedes Land auf die Produktion des Gutes, bei dessen Herstellung es über einen komparativen Vorteil verfügt und produziert nur noch dieses Gut, können insgesamt 2000 Schachteln Rosen und 2000 Computer hergestellt werden.[10]

	Rosen (Schachteln)		Computer	
	Produktion	Konsum	Produktion	Konsum
USA	0	750	2000	1250
Kolumbien	2000	1250	0	750
Gesamt (Welt)	2000	2000	2000	2000

Tabelle 2 Produktion und Konsum nach Aufnahme von Handel
Eigene Darstellung in Anlehnung an Krugman und Wells 2010, S. 534.

---

[9] Vgl. Krugman und Wells 2010, S. 532–533.
[10] Vgl. ebd., S.534.

Tabelle 2 zeigt die Situation, in der beide Länder Handelsbeziehungen aufnehmen. Von Zöllen und anderen Handelshemmnissen, die in Kapitel 2.3 erläutert werden, wird aktuell abgesehen, d.h. es herrscht Freihandel. Die USA exportieren die Menge an Computern nach Kolumbien, die sie für den eigenen Konsum nicht benötigen, und importieren im Gegenzug in Kolumbien hergestellte Rosen für den eigenen Verbrauch. Kolumbien hingegen exportiert seine überschüssigen Rosen in die USA und importiert Computer für den eigenen Konsum aus selbigem Land.[11]

Das Ergebnis ist, dass bei Spezialisierung und Aufnahme von Handel jedes Land von beiden Gütern mehr konsumieren kann als in Autarkie. Ursache für den komparativen Vorteil nach Ricardo sind verschiedene Produktivitäten beim Faktor Arbeit, bedingt durch das Klima oder technologische Unterschiede bei ansonsten gleicher Faktorausstattung.[12] In der Realität sind die Faktorausstattungen zweier Länder zwar selten identisch, und es bestehen beispielsweise Unterschiede in der Ausstattung an Arbeit, Boden oder Kapital. Die schwedischen Ökonomen Eli Heckscher und Bertil Ohlin wiesen im frühen 20. Jahrhundert jedoch im sogenannten Heckscher-Ohlin-Modell nach, dass auch bei unterschiedlicher Faktorausstattung Außenhandel für alle beteiligten Länder vorteilhaft ist, wenn sich jedes Land auf die Produktion des Gutes spezialisiert, bei dessen Herstellung der Anteil des relativ reichlich vorhandenen Faktors möglichst hoch ist.[13]

Das dargestellte Modell des komparativen Vorteils ist ein vereinfachtes Handelsmodell, das zur Veranschaulichung u.a. von vollständiger Konkurrenz, Vollbeschäftigung und fehlenden Transportkosten ausgeht.[14] Dennoch liefert es einen guten Ansatz zur Erklärung des Inter-Industrie-Handels, bei dem Länder verschiedene Güter aus unterschiedlichen Sektoren miteinander handeln. Es eignet sich folglich vor allem zur Erklärung des Handels zwischen Industrieländern, bspw. EU-Mitgliedern, und Entwicklungsländern (auch bekannt als Nord-Süd-Handel), bei denen die Unterschiede in Produktivität oder Faktorausstattung groß genug sind, um für beide Seiten wohlfahrtsfördernden Handel zu ermöglichen.[15]

---

[11] Vgl. Krugman und Wells 2010, S.534-535.

[12] Vgl. Rübel 2013, S. 53.

[13] Vgl. Maennig 2013, S. 90.

[14] Vgl. Shagi 1988, S. 251.

[15] Vgl. Kempa 2012, S. 111.

2.1.2 Skaleneffekte

Eine weitere Annahme aus dem Modell des komparativen Vorteils sind konstante Skalenerträge, d.h. dass sich bei einer Verdoppelung des Ressourceneinsatzes auch die Outputmenge verdoppelt. Tatsächlich ist jedoch in vielen Branchen zu beobachten, dass die Outputmenge bei einer Erhöhung des Ressourceneinsatzes überproportional zunimmt, d.h. die Skalenerträge steigen. Grund hierfür sind mit steigender Produktionsmenge sinkende Durchschnittskosten, die Unternehmen dazu anreizen, möglichst viel zu produzieren.[16] Dies führt zu Breuss' zweitem Hauptgrund für Handel, den Kostenvorteilen durch Massenproduktion. Im Gegensatz zur traditionellen bzw. statischen Außenhandelstheorie von Ricardo und Heckscher-Ohlin, spricht man bei Einbezug von Skaleneffekten von der neuen bzw. dynamischen Außenhandelstheorie.[17] Diese wurde Ende der 1970er Jahre von Nobelpreisträger Paul Krugman geprägt.[18]

2.1.2.1 Externe Skaleneffekte

Die steigenden Größenvorteile dieser neuen Außenhandelstheorie können sowohl auf Ebene der gesamten Branche (externe Skaleneffekte), als auch auf Ebene des einzelnen Unternehmens (interne Skaleneffekte) auftreten.[19] Unter externen Skalenerträgen wird die Zunahme der Produktivität eines Anbieters mit steigender Industrieproduktion verstanden, d.h. mit zunehmender Größe einer Branche können die einzelnen Unternehmen effizienter produzieren. Dies ist vor allem Agglomerationseffekten zu verdanken, die entstehen, wenn sich mehrere Anbieter der gleichen Branche an einem Ort konzentrieren. Agglomerationseffekte können das Angebot an einschlägig qualifizierten Arbeitskräften oder die Nähe zu und größere Auswahl an Zulieferern sein.[20] Auch die Verbreitung von Fachkenntnissen und Ergebnissen aus den Forschungs- und Entwicklungsabteilungen zwischen den Unternehmen desselben Sektors, der sogenannte Spill-Over-Effekt, zählt zu den klassischen Lokalisierungseffekten.[21] Neben dem Silicon Valley in Kalifornien ist der Finanzdienstleistungssektor in London ein beliebtes Beispiel

---

[16] Vgl. Krugman et al. 2015, S. 209.

[17] Vgl. Breuss 2003, S. 229.

[18] Vgl. Krugman 1979 und Krugman 1981.

[19] Vgl. Rübel 2013, S. 117.

[20] Vgl. Kempa 2012, S. 111.

[21] Vgl. Maennig 2013, S. 185.

für diese Art von Cluster.[22] Externe Skaleneffekte, ausgehend von der Deregulierung in den 1980er Jahren, haben dazu geführt, dass sich Banken und andere Finanzdienstleister in London konzentrierten und heute von dort aus Finanzdienstleistungen in das übrige Europa exportiert werden.[23]

Zur Veranschaulichung der Auswirkungen externer Skaleneffekte wird ein Beispiel über die Sockenproduktion in Großbritannien und China betrachtet. Grundannahmen sind vollständige Konkurrenz und die Nullgewinnbedingung, d.h. die Durchschnittskosten entsprechen den Preisen. Wird von einer Situation ohne Außenhandel ausgegangen, in der die Länder Großbritannien und China Socken herstellen, so ist in der Gleichgewichtssituation der Preis für Socken in China niedriger als in Großbritannien.[24] Denn in China befindet sich in der Stadt Datang in der Provinz Zhejiang ein Industriecluster für die Sockenproduktion, wo über 8000 Fabriken jährlich ca. acht Milliarden Socken herstellen.[25] Durch Agglomerationseffekte ist die Produktion in China weitaus günstiger als in Großbritannien. Beide Länder verfügen zudem über abfallende Angebotskurven bei der Sockenherstellung, die die Tatsache widerspiegeln, dass bei steigender Produktionsmenge die Durchschnittskosten durch Skaleneffekte sinken und die Hersteller deshalb zu niedrigeren Preisen zu verkaufen bereit sind.[26] Öffnen sich die Länder nun für Handel, wird die Sockenindustrie des günstigeren Anbieters China wachsen und diejenige im teureren Großbritannien schrumpfen. Wie Abbildung 3 zeigt, sinken durch die zunehmende Herstellungsmenge in China die Produktionskosten nochmals ab. Dieser Prozess setzt sich so lange fort, bis die Durchschnittskosten und der Sockenpreis von P_1 auf das niedrigere Niveau P_2 gesunken sind und China der einzige Hersteller von Socken ist. China deckt dann nicht mehr nur die chinesische Nachfrage N_{CN}, sondern die gesamte Weltnachfrage N_{Welt} nach Socken. Die Sockenproduktion in Großbritannien jedoch wird gänzlich eingestellt.[27] Dennoch profitieren beide Volkswirtschaften vom Handel, da durch die sinkenden Durch-

---

22 Vgl. Krugman et al. 2015, 211 und 215.
23 Vgl. Reitz 2016, o.S.
24 Vgl. Krugman et al. 2015, S. 216.
25 Vgl. Fuchs 2012, S. 151.
26 Vgl. Maennig 2013, S. 186.
27 Vgl. Krugman et al. 2015, S. 216–217.

schnittskosten durch Massenproduktion der Weltpreis für das Produkt günstiger ist, als wenn jedes Land selbst produzieren würde.[28]

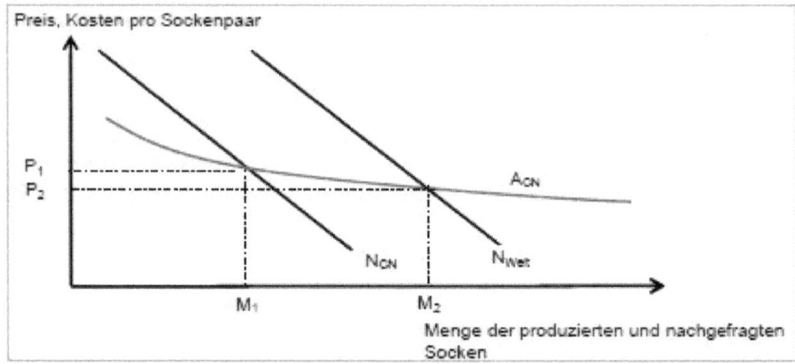

Abbildung 3 Externe Skalenerträge und Außenhandel
Eigene Darstellung in Anlehnung an Krugman et al. 2015, S. 217.

Externe Skaleneffekte können den Weltmarkt jedoch auch verzerren. Wie aus Abbildung 4 hervorgeht, können sich externe Skaleneffekte beispielsweise negativ auf einen Handelspartner A auswirken, wenn das Land B bereits bei Herstellung und Export eines Gutes fest etabliert ist, A jedoch nicht.[29]

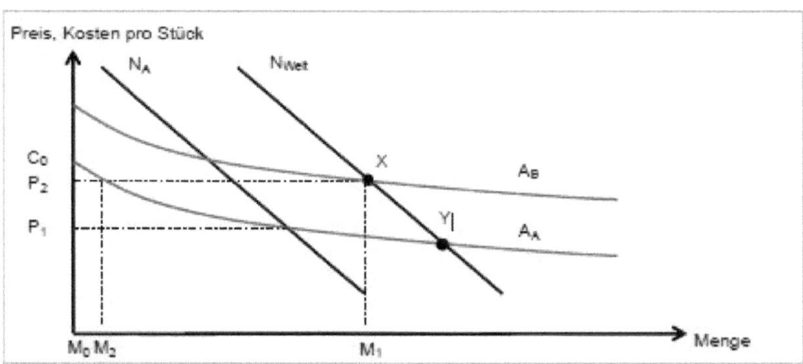

Abbildung 4 Mögliche Benachteiligungen durch externe Skaleneffekte
Eigene Darstellung in Anlehnung an Maennig 2013, S. 186.

---

[28] Vgl. Kempa 2012, S. 116.
[29] Vgl. Maennig 2013, S. 186.

Die Kostenkurve A_B von Land B liegt über derer von Land A, d.h. B produziert teurer. Gemäß dem Prinzip der komparativen Vorteile und der externen Skaleneffekte könnte Land A die Bedienung der Weltnachfrage übernehmen. Im Gegensatz zu Land B wird das Gut jedoch in Land A noch nicht produziert ($M_0=0$). Liegt der Weltmarktpreis P_2 des Gutes nun unterhalb des Markteintrittspreises C_0, zu welchem das Land A zu produzieren beginnen könnte, würde bei Handel die Produktion in Land A gar nicht erst angestoßen. In der Folge würde es dem Land A ohne Außenhandel besser gehen, da es dann diese Markteintrittsschwelle für den Weltmarkt nicht überschreiten müsste, sondern nur für sich selbst produzieren würde. In diesem Beispiel kann die vorübergehende Einführung von Handelshemmnissen reizvoll sein. Schützt das Land A den inländischen Markt temporär vor Importen des Produktes aus B, so kann die Produktion des Gutes in A begonnen werden. Bereits ab einer Produktion der Menge M_2 kann das Land A günstiger anbieten als B und das Weltmarktgleichgewicht wird sich im Modell hin zum Punkt Y verschieben, bei dem das günstigere Land A alleiniger Produzent ist und B aus dem Markt verdrängt hat.[30] Doch auch wenn festgestellt wurde, dass Außenhandel Nachteile für einzelne Länder haben kann, muss beachtet werden, dass die Branchenkonzentration mit entsprechendem Außenhandel dennoch für die Weltwirtschaft als *Ganzes* vorteilhaft ist.[31]

2.1.2.2 Interne Skaleneffekte

Ebenso wie im Modell der komparativen Vorteile werden in obigem Beispiel dadurch, dass sich die Länder auf die Produktion eines bestimmten Gutes spezialisieren, verschiedene Güter aus unterschiedlichen Sektoren zwischen den Ländern gehandelt, d.h. es findet interindustrieller Handel statt. Der Großteil der aktuell zu beobachtenden außenwirtschaftlichen Beziehungen findet jedoch zwischen Ländern mit vergleichbaren Technologien und Faktorausstattungen statt, die gleichartige Güter untereinander handeln.[32] Als Beispiel wird hier häufig der Tausch französischer Autos gegen deutsche Autos genannt, die sich zwar technisch sehr ähnlich sind, sich aber in der Wahrnehmung der Kunden dennoch deutlich unterscheiden.[33] Nach einer Studie der Organisation für Wirtschaftliche

---

[30] Vgl. Maennig 2013, S. 186–187.
[31] Vgl. Krugman et al. 2015, S. 221.
[32] Vgl. Hofmann 2009, S. 3.
[33] Vgl. Brasche 2013, S. 75.

Zusammenarbeit und Entwicklung (Englisch: Organisation for Economic Cooperation and Development, kurz: OECD) über Globalisierung aus dem Jahre 2010 machte dieser Intra-Industrie-Handel, auch intrasektoraler Handel genannt, gemessen mit dem sogenannten Grubel-Lloyd-Index, zwischen 1997 und 2008 über 70 Prozent des grenzübergreifenden Warenhandels aus.[34]

Eine Erklärung für diesen intrasektoralen Handel liefern Modelle mit internen Skalenerträgen. Bei internen Skalenerträgen steigt die Outputmenge einzelner Unternehmen – nicht Branchen – bei Erhöhung des Ressourceneinsatzes überproportional an.[35] Die Annahme vollkommener Konkurrenz wird hier für ein Modell mit monopolistischer Konkurrenz aufgegeben, bei welchem zwar viele Anbieter existieren, deren Produkte jedoch stark differenziert sind.[36] Auf der Anbieterseite spielt hier die Produktdifferenzierung, auf der Nachfrageseite der Wunsch des Kunden nach möglichst großer Vielfalt eine bedeutende Rolle für den Handel.[37] Wird beispielsweise davon ausgegangen, dass zwei mit den gleichen Technologien ausgestattete Volkswirtschaften zwei Varianten X und Y eines Produkts unter gleichem Arbeitsaufwand herstellen, so ist Handel für beide vorteilhaft, wenn sich das eine Land auf die Produktion der Variante X, und das andere auf die Produktion der Variante Y spezialisiert und sie anschließend untereinander tauschen. Durch die Spezialisierung entstehen Skaleneffekte, z.B. durch Lerneffekte der Arbeitskräfte, die dazu führen, dass bei gleichem Arbeitsaufwand wie zuvor insgesamt eine höhere Anzahl an Produkten der Varianten X und Y zu niedrigeren Stückkosten hergestellt werden kann. So können beide Länder von niedrigeren Preisen durch Massenproduktion profitieren und gleichzeitig die Vielfalt der produzierten Güter für die Konsumenten in beiden Ländern aufrechterhalten.[38] Das Prinzip der internen Skaleneffekte wird in Kapitel 2.4 in Bezug auf die Handelsvorteile einer Zollunion noch einmal kurz aufgegriffen.

2.1.3 Gravitationsansatz

Neben den genannten Ursachen aus der klassischen und der neuen Außenhandelstheorie fördert auch Nähe den Handel zwischen Ländern. Gemeint ist hier

---

[34] Vgl. OECD 2010, S. 210.
[35] Vgl. Kempa 2012, S. 111.
[36] Vgl. ebd., S. 117.
[37] Vgl. Farmer und Vlk 2011, S. 242–243.
[38] Vgl. Krugman et al. 2015, S. 209–210.

zum einen die räumliche Nähe, die sich z.B. günstig auf Transportkosten auswirkt.[39] So kann beispielsweise der in beide Richtungen laufende Kohlehandel zwischen Frankreich und Deutschland erklärt werden: Gerade bei Gütern mit hohen Transportkosten, welche bislang vernachlässigt wurden, können grenznahe ausländische Anbieter inländische Kunden häufig günstiger beliefern, als weit entfernt gelegene inländische Anbieter.[40] Doch auch eine gemeinsame Sprache, ein vergleichbares Rechtssystem und historisch gefestigte wirtschaftliche und politische Beziehungen, die sich positiv auf den Handel auswirken, sind gemäß Brasche (2013) unter Nähe zu verstehen.[41]

Gemäß Newtons Gravitationsgesetz, demnach sich Massen abhängig von ihrer Entfernung zueinander gegenseitig anziehen, wird dieser Erklärungsansatz für Außenhandel auch als Gravitationsansatz bezeichnet.[42] Sich daraus ableitende Gravitationsmodelle dienen der Messung von Handelsströmen zwischen Ländern, aber auch Ländergruppen.[43] Da sie auch für die Messung von handelsfördernden Auswirkungen durch regionale Integration und Freihandelsabkommen verwendet werden, spielen Gravitationsmodelle auch in vielen Studien zu den Auswirkungen des Brexit auf den Außenhandel des UK eine entscheidende Rolle.[44] Die Basis dieser Modelle bildet eine Funktion aus fünf Faktoren: den Einkommen *BIP* (kurz für Bruttoinlandsprodukt) der beiden zu vergleichenden Länder, den Größen *B* ihrer Bevölkerungen und der Distanz *Entf.* zwischen ihnen. Daraus ergeben sich die Exporte X_{xi} vom Land X zum Land I als

$$X_{xi} = \beta_0 + \beta_1 \left(\frac{BIP_i}{B_i}\right) + \beta_2 BIP_i + \beta_3 \left(\frac{BIP_x}{B_x}\right) + \beta_4 BIP_x + \beta_5 Entf_{xi} + \text{Dummies}$$

in Abhängigkeit dieser fünf Faktoren.[45] Die Koeffizienten *β* entsprechen dabei den Elastizitäten der Exportströme bezogen auf die Einflussfaktoren, d.h. wie empfindlich das Exportvolumen auf die Änderung eines Faktors reagiert.[46] Werden in

---

39 Vgl. Brasche 2013, S. 76.

40 Vgl. Maennig 2013, S. 116–117.

41 Vgl. Brasche 2013, S. 76.

42 Vgl. Lorz und Siebert 2014, S. 133.

43 Vgl. Breuss 2003, S. 141.

44 Vgl. zum Beispiel Ottaviano et al. 2014 oder Aichele und Felbermayr 2015.

45 Vgl. Baldwin 1994, S. 70.

46 Vgl. Breuss 2003, S. 143.

diese Gravitationsgleichung die Daten von den zu betrachtenden Ländern eingefügt, ergibt sich ein Wert für den zu erwartenden Handel.[47] Eine ausführliche Metastudie von Disdier und Head (2004), die anhand von Gravitationsmodellen die Auswirkungen der Distanz zweier Länder auf den bilateralen Handel untersucht hat, kam zu dem Ergebnis, dass der Entfernungseffekt bei ca. 0,9 liegt, d.h. dass eine um zehn Prozent größere Entfernung ca. neun Prozent geringeren bilateralen Handel zur Folge hat.[48] Ob dieser Zusammenhang in der Praxis auch für den Handel zwischen dem Vereinigten Königreich und den benachbarten EU-Ländern gilt, wird in Kapitel 3 näher betrachtet.

2.2 Vorteile von (Frei-)Handel

Nach den nun bekannten Ursachen von Handel, die in komparativen Vorteilen, Skaleneffekten und geographischer Nähe liegen, werden nun die Vorteile, die sich aus Handel ergeben, vorgestellt.

2.2.1 Wohlfahrtsanalyse im Angebot-Nachfrage-Diagramm

Das einfachste Modell, um die Vorteilhaftigkeit von Handel zu beweisen, ist ein Angebot-Nachfrage-Modell. Abbildung 5 zeigt im linken Schaubild eine Situation ohne Außenhandel. Im Gleichgewicht G schneiden sich die Nachfragekurve, die für die vom Preis abhängige Nutzenmaximierung der privaten Haushalte steht, und die Angebotskurve, die die Gewinnmaximierung der Unternehmen abhängig vom Preis abbildet. Das bedeutet, dass die zum Preis P_A nachgefragte Menge genau der von den Unternehmen angebotenen Menge entspricht.[49]

---

[47] Vgl. Gorokhovskij 2003, S. 73.

[48] Vgl. Disdier und Head 2004.

[49] Vgl. Morasch und Bartholomae 2011, S. 42.

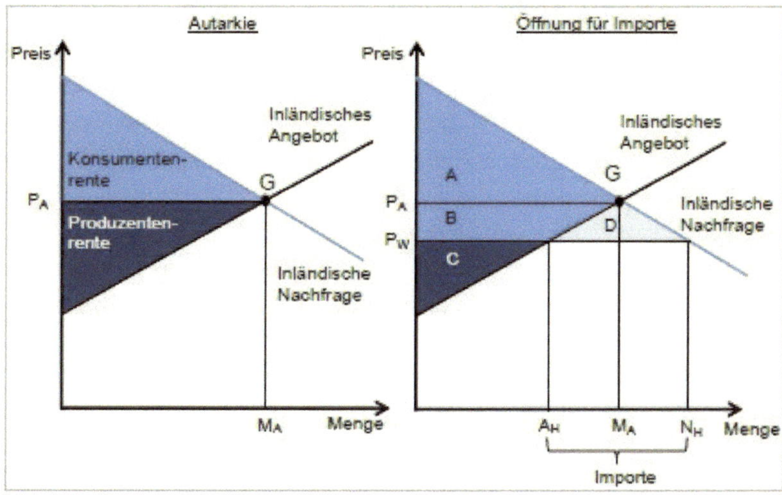

Abbildung 5 Konsumenten-und Produzentenrente bei Autarkie und bei Öffnung für Importe

Eigene Darstellung in Anlehnung an Krugman und Wells 2010, S. 540 und S. 542.

In diesem Punkt ist der soziale Überschuss maximal, der sich anhand des Konzepts von Produzenten- und Konsumentenrente erklären lässt. Die Konsumentenrente entspricht dem Betrag, den ein Käufer bereit wäre, für ein Gut zu zahlen, abzüglich des tatsächlich gezahlten Betrags. Die Rente entsteht dadurch, dass alle Konsumenten den gleichen Preis bezahlen, d.h. auch diejenigen, die bereit gewesen wären, mehr für das Gut zu entrichten. Sie misst damit den Nutzen aus der Marktteilnahme für den Käufer. Die Produzentenrente hingegen entspricht dem Verkaufspreis des Gutes minus der Herstellungskosten des Produzenten und misst den Nutzen aus der Marktteilnahme für die Hersteller.[50]

Befindet sich der Markt im Autarkiefall im Gleichgewicht G, so wird die Menge M_A zum Preis P_A gehandelt. Öffnet das Land nun seine Grenzen für Importe (rechter Teil der Abbildung) und wird davon ausgegangen, dass der Weltmarktpreis P_W unterhalb von P_A liegt, werden inländische Importeure das Importgut im Ausland kaufen und im Inland weiterverkaufen. Durch das höhere Angebot sinkt der Preis des Gutes im Inland. Dieser Vorgang wiederholt sich so lange, bis der Inlandspreis auf das Niveau des Weltmarktpreises gesunken ist. Zu diesem Preis fragen inlän-

---

[50] Vgl. Mankiw und Taylor 2016, 234 und 242.

dische Konsumenten die Menge N_H nach, inländische Produzenten bieten jedoch nur die Menge A_H an. Die Differenzmenge wird durch Importe gedeckt. Durch den Rückgang des Inlandspreises auf P_W steigt die Konsumentenrente vom Flächenstück A auf die Fläche A+B+D. Die Produzentenrente sinkt nach Aufnahme von Handelsbeziehungen im Modell hingegen von der Fläche B+C auf das Flächenstück C. Die gesamte Rente, die auf dem Markt entsteht, ist nach Aufnahme von Handelsbeziehungen um das Flächenstück D gestiegen, d.h. Handel führt zu einem Nettowohlfahrtsgewinn, dem sozialen Überschuss. Das Modell zeigt jedoch auch, dass es infolge internationalen Handels auch Verlierer geben kann, in diesem Fall die Produzenten. Letztere haben hingegen einen Vorteil, wenn das Land das Gut exportiert und der Weltmarktpreis über dem Inlandspreis liegt. Dann steigt die Produzentenrente an, die Konsumenten sind durch die höheren Preise im Nachteil und ihre Konsumentenrente sinkt. Sowohl im Importfall als auch im Exportfall steigt die Gesamtrente um die Fläche D, d.h. es gibt bei beiden Fällen einen Nettowohlfahrtsgewinn.[51]

2.2.2 Empirische Vorteile von Außenhandel

Abgesehen von diesem Modell lassen sich empirisch verschiedene Vorteile von Freihandel identifizieren, die sich in statische und in dynamische Wohlfahrtseffekte gliedern lassen. Statische Effekte entstehen durch geänderte Ressourcenallokation, während dynamische Effekte bei gleichbleibender Allokation durch wirtschaftliches Wachstum hervorgerufen werden.[52]

Statische Wohlfahrtseffekte

Wie in 2.1. beschrieben, führt Außenhandel zu Spezialisierung gemäß komparativen Vorteilen und zu durch Skaleneffekte sinkende Durchschnittskosten. Dadurch sinken die Preise für Konsumenten, aber auch für Unternehmen, z.B. bei Vorprodukten. Diese preissenkende Wirkung wurde unter anderem von Erixon (2008) nachgewiesen.[53] Für Konsumenten steigt zudem die Auswahl an Endprodukten und auch die Hersteller haben eine größere Auswahl an Vorprodukten.[54] Öffnen sich die Grenzen für Handel, steigt des Weiteren die Konkurrenz zwischen den

---

51   Vgl. Krugman und Wells 2010, S. 540–543.
52   Vgl. Dicke und Foders 2000, S. 7.
53   Vgl. Erixon 2008, S. 9–11.
54   Vgl. Busch und Matthes 2016a, S. 49.

Anbietern, wodurch die Produzenten zu höherer Effizienz gezwungen sind, um im Markt bestehen zu können.[55] Es erfolgt entsprechend eine Reallokation hin zu produktiveren Unternehmen, die expandieren können.[56] Werden die heimischen Unternehmen jedoch durch protektionistische Maßnahmen vor mehr Wettbewerb mit ausländischen Unternehmen geschützt, d.h. der Freihandel eingeschränkt, ist es auch für ineffiziente Unternehmen leichter, im Markt zu bestehen. Dies bedeutet jedoch Einbußen in der Produktivität der gesamten Volkswirtschaft.[57] Einen empirischen Nachweis für den positiven Einfluss von Handel auf das Produktivitätsniveau lieferte beispielsweise Edwards (1997), der bei seinem Vergleich von 97 Ländern zu dem Ergebnis kam, dass offenere Nationen ein größeres Produktivitätswachstum erfahren haben.[58] Konkreter werden Harris und Li (2007), die bei ihrer Analyse von britischen Exportunternehmen herausfanden, dass diese in dem Jahr, in dem sie mit Exporten begannen, einen Anstieg der totalen Faktorproduktivität um durchschnittlich 34 Prozent erfuhren, im Jahr darauf immerhin noch von fünf Prozent. Ein Verlassen der ausländischen Märkte führte jedoch zu einem Produktivitätsrückgang zwischen sieben und neun Prozent.[59]

Dynamische Wohlfahrtseffekte

Neben diesen statischen Effekten können auch handelsbedingte Wachstumseffekte auftreten, die als dynamische Wohlfahrtseffekte bezeichnet werden. Länder, die an Maßnahmen zur Liberalisierung von Handel teilnehmen, haben eine ca. 1,5 Prozentpunkte höhere jährliche Wachstumsrate, als vor der Reduzierung der Handelshemmnisse.[60] Um zum Beispiel die oben genannte höhere Produktivität zu erreichen und somit im internationalen Wettbewerb bestehen zu können, haben Unternehmen Anreize, ihre Forschungs- und Entwicklungstätigkeiten voranzutreiben. Die innovativeren Unternehmen haben bessere Chancen, sich im Konkurrenzkampf durchzusetzen.[61] Auch Spill-Over- und Lerneffekte durch internationalen Handel führen zu technischem Fortschritt.[62] Größere Märkte und durch

---

[55] Vgl. Sampson 2014, S. 316.

[56] Vgl. Busch und Matthes 2016a, S. 49.

[57] Vgl. Krugman et al. 2015, S. 322–323.

[58] Vgl. Edwards 1997.

[59] Vgl. Harris und Li 2007, S. 30.

[60] Vgl. Busch und Matthes 2016a, S. 51

[61] Vgl. Rübel 2013, S. 89.

[62] Vgl. Busch und Matthes 2016a, S. 51.

statische Handelseffekte gestiegene Einkommen können zudem zu höheren Kapitalerträgen führen und schaffen so Anreize für Unternehmen, mehr zu investieren. Dies kann höhere Kapitalakkumulationen der Unternehmen und somit deren weiteres Wachstum zur Folge haben, wie beispielsweise 1996 durch Baldwin und Seghezza nachgewiesen wurde.[63] In der Folge werden dem Handel positive Auswirkungen auf die Arbeitsmarktsituation und das Bruttoinlandsprodukt zugesprochen.[64]

2.3 Handelshemmnisse

Durch die Darlegung der Ursachen und Vorteile von Handel liegt nun ein grundlegendes Verständnis für den Außenhandel vor. Hierbei wurde in den Modellen grundsätzlich von Freihandel ausgegangen, d.h. etwaige Handelshemmnisse, die den Handel auf ein nicht optimales Niveau senken, wurden ausgeklammert.[65] Sie beeinträchtigen den Handel weltweit jedoch nach wie vor. Handelshemmnisse können sowohl den Import als auch den Export eines Landes betreffen. Beschränkungen beim Import haben meist den Schutz von Unternehmen oder Arbeitnehmern zum Ziel, während Exportbeschränkungen vornehmlich außenpolitische oder militärische Ziele verfolgen.[66] Durch den Brexit riskiert das Vereinigte Königreich das Ende von Freihandelsabkommen mit wichtigen Handelspartnern und könnte sich künftig mit Handelshemmnissen verschiedener Art konfrontiert sehen. Bevor deren tatsächliche Ausgestaltungsmöglichkeiten und Folgen in Kapitel drei genauer beleuchtet werden, schafft der folgende Abschnitt einen theoretischen Überblick über die wichtigsten tarifären und nicht-tarifären Handelshemmnisse, ihre Ursachen und Auswirkungen.

2.3.1 Tarifäre Handelshemmnisse

Unter tarifären Handelshemmnissen sind Zölle zu verstehen, d.h. Abgaben, die im grenzüberschreitenden Warenhandel auf den Import von Waren erhoben werden. Es wird unterschieden zwischen Wertzöllen, die als prozentualer Anteil des Warenwertes erhoben werden, und spezifischen Zöllen, die pro Mengeneinheit zu begleichen sind. Durch die Erhebung von Zöllen steigen im Inland die Preise von

---

[63] Vgl. Baldwin und Seghezza 1996.
[64] Vgl. Centre for Economics and Business Research 2015, S. 9.
[65] Vgl. Shagi 1988, S. 251.
[66] Vgl. Sauernheimer 2004, S. 163.

importierten Gütern, deren Wettbewerbsfähigkeit folglich sinkt.[67] Diese Art von Zoll, der wettbewerbsschwächere Branchen im Inland schützen soll, damit deren Preise nicht durch günstigere ausländische Produkte gedrückt werden, wird als Schutzzoll bezeichnet. Zusätzlich sorgen Zölle für eine staatliche Einnahmequelle (Fiskalzölle) oder können als Vergeltungsmaßnahme eingesetzt werden, wenn ein Handelspartner Schutzzölle erhebt (Retorsionszölle).[68]

Das Modell in Abbildung 6 zeigt in c) ein vereinfachtes Weltmarktgleichgewicht, das von links durch die Importnachfrage des Inlands und von rechts durch das Exportangebot des Auslands hergeleitet wird. Die Importnachfrage N_W kann aus der inländischen Angebotskurve A_A und Nachfragekurve N_A abgeleitet werden und trägt die Überschussnachfrage ÜN (d.h. die Differenz zwischen Angebot und Nachfrage) im Inland zu bestimmten Preisniveaus ab. Das Exportangebot des Auslands A_W wiederum entspricht dem Überschussangebot ÜA, um das die ausländische Produktion A_B die ausländische Nachfrage N_B übersteigt. Im Weltgleichgewicht ist die Importnachfrage des Inlands gleich dem Exportangebot des Auslands zum Gleichgewichtspreis P_2.[69]

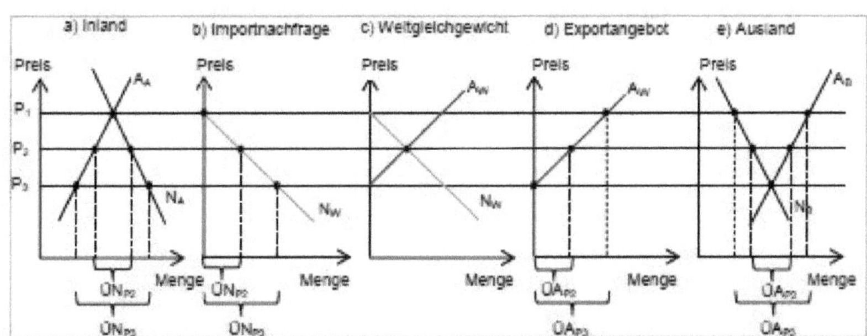

Abbildung 6 Herleitung des Weltmarktgleichgewichts aus Importnachfrage und Exportangebot
Eigene Darstellung in Anlehnung an Krugman et al. 2015, S. 286-287.

Wird nun, wie in Abbildung 7 dargestellt, im Inland ein Importzoll z erhoben, steigt der Preis im Inland so lange an und sinkt der Auslandspreis durch den ent-

---

[67] Vgl. Büter 2010, S. 19.
[68] Vgl. Büter 2010, S. 40.
[69] Vgl. Krugman et al. 2015, S. 285–286.

stehenden Angebotsüberschuss so lange, bis der Preisunterschied zwischen Weltangebot und Weltnachfrage die Höhe des Zolls z beträgt.[70]

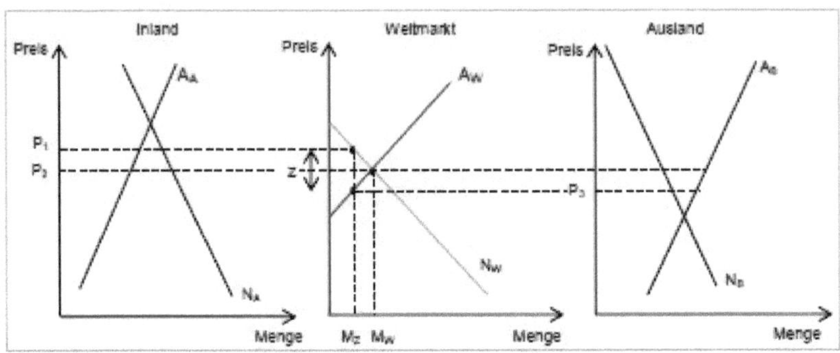

Abbildung 7 Einfluss eines Zolls auf die Preise
Eigene Darstellung in Anlehnung an Krugman et al. 2015, S. 288.

Das bedeutet, dass durch einen Importzoll die Inlandspreise ansteigen, während die Auslandspreise sinken. Der Preisanstieg im Inland von P_2 auf P_1 ist geringer als die Höhe des Zolls, da sich ein Teil des Zolls, je nach Größe des Landes, in niedrigeren Exportpreisen des Auslands widerspiegelt (von P_2 auf P_3).[71] Handelt es sich um ein kleines Land, das nur einen kleinen Teil des Weltmarktes ausmacht, wird sich die geringere Importnachfrage jedoch kaum auf den Auslandspreis auswirken.[72]

Wie sich ein Zoll auf die Wohlfahrt eines solchen kleineren Landes auswirkt, ergibt sich aus Abbildung 8. Ohne Zölle, d.h. bei Freihandel, entspricht der Preis P_1 im Inland dem Weltmarktpreis. Da die inländischen Anbieter zu diesem Preis nur die Menge M_{A1} anbieten, die Konsumenten jedoch die Menge M_{N1} nachfragen, wird die Differenz zwischen M_{N1} und M_{A1} importiert.[73]

---

[70] Vgl. Breuss 2003, S. 266–267.

[71] Vgl. Breuss 2003, S. 266–267.

[72] Vgl. ebd., S. 267.

[73] Vgl. Rose und Sauernheimer 2015, S. 599.

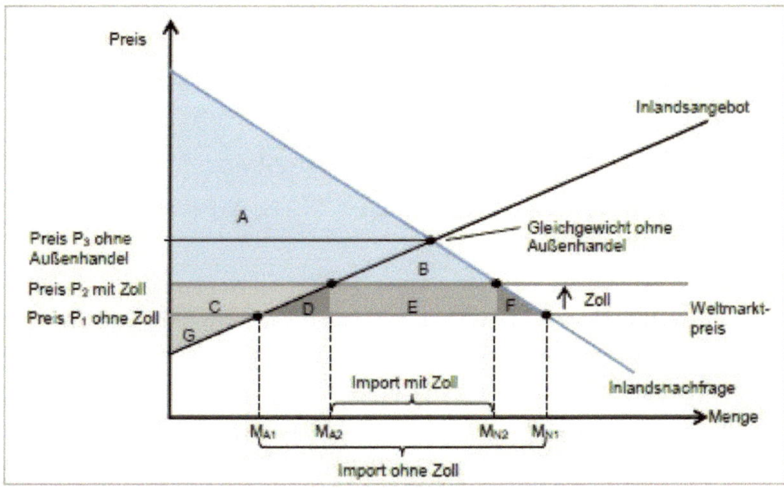

Abbildung 8 Wohlfahrtseffekte eines Importzolls in einem kleinen Land
Eigene Darstellung in Anlehnung an *Lorz und Siebert 2014, S. 181.*

Wird nun ein Importzoll erhoben, steigt der Preis des Importguts nahezu um die Höhe des Zolls auf den Preis P_2, der über dem Weltmarktpreis und näher am höheren Gleichgewichtspreis P_3 liegt, der ohne Außenhandel herrschen würde. Hersteller aus dem Inland können das Produkt nun zum Preis P_2 verkaufen und erhöhen ihre Produktion auf die Menge M_{A2} (Schutzeffekt). Zu diesem Preis fragen die inländischen Konsumenten jedoch nur mehr die Menge M_{N2} nach (Konsumeffekt). Folglich reduziert ein Zoll die Importmenge (Außenhandelseffekt) und nähert den Markt an das Gleichgewicht ohne Außenhandel an. Daraus entstehen Gewinner und Verlierer, wie anhand der ökonomischen Rente in Tabelle 3 veranschaulicht werden kann. Die höheren Preise bedeuten Vorteile für die Hersteller und Nachteile für die Nachfrager. Die mit Buchstaben gekennzeichneten Flächen der Abbildung 8 verkörpern die Konsumenten- und Produzentenrente, sowie die Staatseinnahmen.[74]

---

[74] Vgl. Rose und Sauernheimer 2015, S. 599.

	Ohne Zoll	**Mit Zoll**	**Veränderung**
Konsumentenrente	A+B+C+D+E+F	A+B	- (C+D+E+F)
Produzentenrente	G	C+G	+C
Staatseinnahmen	Null	E	+E
Gesamtrente	A+B+C+D+E+F+G	A+B+C+E+G	- (D+F)

Tabelle 3 Veränderung der Wohlfahrt durch Zölle Eigene Darstellung in Anlehnung an Mankiw und Taylor 2016, S. 608.

Die Konsumentenrente entspricht ohne Zoll der Fläche zwischen Nachfragekurve und dem Weltmarktpreis P_1 und liegt folglich bei A+B+C+D+E+F. Die Produzentenrente entspricht ohne Zoll der Fläche zwischen Angebotskurve und Weltmarktpreis und stimmt mit der Fläche G überein. Ohne Zoll sind die Staatseinnahmen gleich null. Die Gesamtrente ergibt sich aus der Summe der Teilrenten und entspricht A+B+C+D+E+F+G. Wird nun ein Zoll eingeführt und damit der Preis von P_1 auf P_2 erhöht, sinkt die Konsumentenrente auf die Teilflächen A+B. Die Produzentenrente steigt dagegen auf die Fläche C+G. Die Staatseinnahmen ergeben sich aus der importierten Menge multipliziert mit dem Zollsatz, und liegen entsprechend bei der Fläche E. Die Gesamtrente beläuft sich nunmehr auf die Fläche A+B+C+E+G. Anders ausgedrückt: Durch die Erhebung von Zöllen entsteht im Inland ein Wohlfahrtsverlust in Höhe von D und F. Das Flächenstück F entspricht dem Wohlfahrtsverlust durch niedrigeren Konsum (von M_{N1} auf M_{N2}), die Fläche D steht für den Wohlfahrtsverlust aus der Überproduktion der Hersteller.[75]

Die beschriebenen Auswirkungen treffen jedoch nur für ein kleines Land zu. Bei einem großen Land tritt neben der Produktions- und Konsumverzerrung noch der sogenannte Terms-of-Trade-Effekt ein, der Folge des Absinkens der Auslandsexportpreise ist. In Abbildung 7 wurde bereits deutlich, dass die Erhebung eines Importzolls auch die Auslandsexportpreise beeinflussen kann und sich entsprechend der Zollbetrag auf steigende Inlandsimportpreise und sinkende Auslandsexportpreise aufteilt.[76] Ist ein Land entsprechend groß, kann es mit der Erhebung von Zöllen die Preise auf dem Weltmarkt so stark beeinflussen, dass die Importpreise nun sogar sinken und sich entsprechend seine Terms of Trade verbessern. Übersteigen die Gewinne aus den niedrigeren Importpreisen die Verluste aus der Konsum- und Produktionsverzerrung, so ist die Wohlfahrt eines großen

---

[75] Vgl. Mankiw und Taylor 2016, S. 607–609.

[76] Vgl. Rose und Sauernheimer 2015, S. 613–615.

Landes bei Erhebung eines Importzolls höher als bei Freihandel. Da es sich diese Wohlfahrtsgewinne jedoch auf Kosten seiner Handelspartner verschafft, muss das Land mit Vergeltungsmaßnahmen anderer großer Länder rechnen. Die praktische Anwendbarkeit eines wohlfahrtsfördernden Zolls ist gemäß Krugman et al. (2015) folglich zweifelhaft.[77]

2.3.2 Nicht-tarifäre Handelshemmnisse

Die Bedeutung von Zöllen hat über die letzten Jahrzehnte und die zunehmende wirtschaftliche Integration immer weiter abgenommen. Mit der weltweiten Senkung der Zölle stieg jedoch die Bedeutung der nicht-tarifären Handelshemmnisse an.[78] Dies sind Maßnahmen, die absichtlich oder unabsichtlich den grenzüberschreitenden Handel behindern. Es wird unterschieden zwischen nicht-tarifären Handelshemmnissen, die auf die Beschränkung von Handel abzielen, und denjenigen, die die Beschränkung von Handel als Begleiterscheinung verursachen. Zu erstem zählen z.B. Import- und Exportquoten oder Local-Content-Vorschriften (kurz: LC).[79] Zur zweiten Art von nicht-tarifären Handelshemmnissen gehören u.a. Produktstandards und -normen, z.B. Vorgaben bei der Verpackung, Herkunftskennzeichnung und bei Hygienevorschriften.[80] Einige Länder haben hier strenge Vorgaben, die für ausländische Unternehmen nur schwer zu erfüllen sind, sodass ihre Herstellungskosten zum Teil so stark steigen, dass sie im Zielland nicht mehr wettbewerbsfähig sind.[81] Auch Export-Subventionen, die den Marktzutritt für ausländische Produzenten erschweren[82], Verwaltungsvorschriften und Regulierungen von Banken und Versicherungen zählen zu nicht-tarifären Handelshemmnissen der zweiten Art.[83]

Die Wirkungsweise von nicht-tarifären Handelshemmnissen soll am Beispiel der LC-Protection in Abbildung 9 veranschaulicht werden. LC-Protection bedeutet, dass ein gewisser Anteil der Zwischenprodukte, die für die Produktion eines End-

---

77 Vgl. Krugman et al. 2015, S. 328–329.
78 Vgl. OECD 2005, S. 12.
79 Vgl. Sauernheimer 2004, S. 165–167.
80 Vgl. House of Commons 2013a, S. 28.
81 Vgl. Mankiw und Taylor 2016, S. 612.
82 Vgl. House of Commons 2013a, S. 28.
83 Vgl. Sauernheimer 2004, S. 165.

produktes benötigt werden, im Inland beschafft werden müssen, auch wenn es im Ausland preisgünstigere Alternativen gäbe.[84]

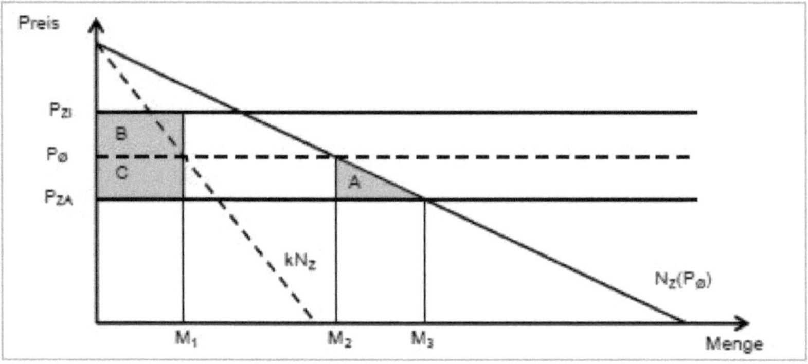

Abbildung 9 Importquoten bei Zwischenprodukten
Eigene Darstellung in Anlehnung an Sauernheimer 2004, S. 175.

Es wird davon ausgegangen, dass für die Herstellung eines Endproduktes E das Zwischenprodukt Z nötig ist, das entweder im Inland (Z_I) oder im Ausland (Z_A) gekauft werden kann. Als LC-Protection wird ein heimischer Zwischenproduktanteil in Höhe von k Prozent vorgeschrieben. Unter dieser Annahme gilt folglich: Z_I = k*E und Z_A = (1-k)*E. Beträgt der Preis der heimischen Zwischenkomponente im Inland P_{ZI} und der Importpreis P_{ZA}, so liegt der Durchschnittspreis $P_\emptyset$ des Zwischenprodukts bei $P_\emptyset$ = k* P_{ZI} +(1- k)* P_{ZA}. Von diesem Durchschnittspreis $P_\emptyset$ hängt die inländische Nachfrage N_Z nach dem Zwischenprodukt ab. Die Funktion kN_Z entspricht dem Anteil der Nachfrage nach der im Inland produzierten Komponente. Mit ihrer Hilfe lässt sich ablesen, wie viel der beim Durchschnittspreis $P_\emptyset$ vorhandenen Nachfrage nach der Komponente über die inländische Produktion (Menge M_1), und wie viel und über Importe (Menge M_2 minus M_1) gedeckt wird. Die Importmenge ist hier kleiner als die bei Freihandel (M_3), da aufgrund der LC-Protection zum einen die Nachfrage durch den über dem Weltmarktpreis P_{ZA} liegenden Durchschnittspreis sinkt, und weil zum anderen die inländische Produktion die Importe reduziert. Die Gewinne der Hersteller sind im LC-Szenario um die Flächen A, B und C niedriger als bei Freihandel: Die Fläche A repräsentiert den Rückgang der Produktion durch die höheren Preise, die Flächen B und C ergeben

---

sich aus der Preisdifferenz P_{ZI} minus P_{ZA}, zu der die Komponente teurer im Inland beschafft werden muss. Über den gezeigten Wohlfahrtsverlust hinaus führen derartige Beschränkungen zu verminderter Wettbewerbsfähigkeit inländischer Hersteller und überhöhten Preisen.[85] Anders, als dies bei Zöllen der Fall ist, unterliegen nicht-tarifäre Handelshemmnisse keinen umfassenden Berichtspflichten, entsprechend existieren keine systematischen Datenbanken, welche die Messung und Analyse der nicht-tarifären Handelshemmnisse erleichtern würden.[86] Schätzungen zufolge können nicht-tarifäre Handelshemmnisse jedoch doppelt bis dreimal so hohe Preisaufschläge bei gehandelten Gütern verursachen, als dies mit Zöllen möglich wäre und entsprechend weitaus größere Wohlfahrtsverluste herbeiführen.[87]

2.4 Wirtschaftliche Integration

Um diese Wohlfahrtsverluste durch tarifäre und nicht-tarifäre Handelshemmnisse zu reduzieren und von den Vorteilen des Handels zu profitieren, bemühen sich Länder, verschiedene künstlich geschaffene Handelshemmnisse untereinander zu beseitigen. Diese sogenannte ökonomische Integration erfolgt in mehreren Stufen, die von der Freihandelszone bis zur Sozialunion reichen, wie Abbildung 10 zeigt:

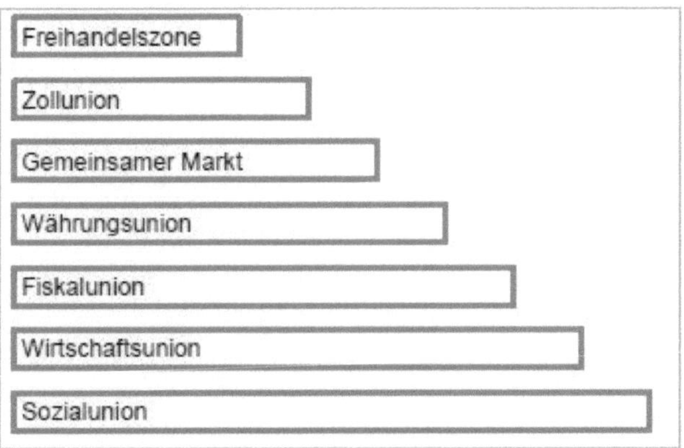

Abbildung 10 Stufen der wirtschaftlichen Integration
Eigene Darstellung in Anlehnung an *Wagener und Eger 2014, S. 25.*

---

85 Vgl. Sauernheimer 2004, S. 174–176.
86 Vgl. OECD 2005, S. 11.
87 Vgl. HM Government 2016b, S. 9.

Die häufigste Ausprägung ist die Freihandelszone, bei der alle tarifären Handels-hemmnisse beseitigt werden.[88] Als Beispiele hierfür können das Nordamerikani-sche Freihandelsabkommen (Englisch: North American Free Trade Agreement, kurz: NAFTA) oder die Asiatisch-Pazifische Wirtschaftsgemeinschaft (Englisch: Asia-Pacific Economic Cooperation, kurz: APEC) genannt werden.[89] Die handels-politische Souveränität gegenüber Drittstaaten bleibt hierbei bestehen, was zu unterschiedlichen Außenzöllen führt. Um zu vermeiden, dass Drittländer nur über das Land mit den niedrigsten Außenzöllen in die Freihandelszone importie-ren, werden Ursprungszertifikate eingeführt. Das heißt, dass nur Erzeugnisse, die in einem Mitgliedsstaat produziert wurden, auch zollfrei weitergehandelt werden können. Die Kosten für Ursprungszertifikate und deren Kontrolle sind jedoch häu-fig erheblich. Dies lässt sich durch die nächste Integrationsstufe, die Zollunion vermeiden. Sie ist eine Erweiterung der Freihandelszone um gemeinsame Außen-zölle.[90]

Gemäß Viner (1950) hat eine Zollunion über zwei Effekte Einfluss auf den inter-nationalen Handel: handelsschaffende und handelsumlenkende. Handelsschaf-fende Effekte entstehen dadurch, dass günstigere Produkte von Partnerstaaten aus der Zollunion importiert werden und damit inländische Produkte ersetzen. Handelsumlenkende Effekte haben hingegen ihren Ursprung in der Substitution der Einfuhren aus Drittstaaten durch Importe aus Partnerstaaten.[91] Corden (1972) verband das Prinzip der Zollunion schließlich mit den in Kapitel 2.1.2 be-schriebenen Economies of Scale. Demnach vergrößert die Gründung einer Zoll-union den Markt und ermöglicht somit die Nutzung von steigenden Skaleneffek-ten und damit die Senkung der Durchschnittskosten.[92] In Zollunion und Freihan-delszone geht es vornehmlich um die Erleichterung des grenzüberschreitenden Warenverkehrs. Ein gemeinsamer Markt, die dritte und für diese Arbeit relevan-teste Integrationsstufe, umfasst zudem auch den freien Verkehr von Dienstleis-tungen, Personen und Kapital, wofür eine weitreichende politische Abstimmung nötig ist.[93] Auf dieser Stufe befindet sich die Europäische Union aktuell, die sich

---

[88]   Vgl. Wagener und Eger 2014, S. 25.

[89]   Vgl. Breuss 2003, S. 350.

[90]   Vgl. Wagener und Eger 2014, S. 26.

[91]   Vgl. Viner 1950, S. 55–57.

[92]   Vgl. Corden 1972, S. 465–475.

[93]   Vgl. Wagener und Eger 2014, S. 26.

von der Freihandelszone, zur Zollunion und zum Gemeinsamen Markt weiterentwickelt hat und weiter in Richtung Wirtschafts- und Währungsunion voranschreitet.[94] In der Wirtschaftsunion ist die wirtschaftspolitische Integration noch stärker ausgeprägt. Währungs-, Fiskal- und Sozialunion sind gesondert zu betrachtende Integrationsschritte in spezifischen Politikfeldern.[95]

2.5 Zusammenfassung

Im vorangegangenen Kapitel wurden die von Außenhandelstheoretikern wie Ricardo und Krugman identifizierten Ursachen von Außenhandel erläutert, die von komparativen Vorteilen über Skaleneffekte bis hin zur Nähe zwischen Handelspartnern reichen. Sie alle zeigen, dass es der Weltwirtschaft als Ganzes durch die Aufnahme von Außenhandel besser geht, und in den meisten Fällen auch den einzelnen am Handel teilnehmenden Ländern, in denen Handel zu Produktivitätssteigerungen, einer größeren Auswahl an Produkten und niedrigeren Preisen führt.

Die meisten Ökonomen sind sich einig, dass eine Volkswirtschaft das Ideal des Freihandels anstreben sollte, um Effizienzverluste durch protektionistische Maßnahmen zu vermeiden.[96] Letztere äußern sich in tarifären Maßnahmen, d.h. Zöllen, oder nicht-tarifären Handelshemmnissen, wie Importquoten oder Local-Content Vorschriften. Deren Schaden für Volkswirtschaften ist zwar bekannt, doch werden sie auch heute noch eingesetzt, beispielsweise um bestimmte Wirtschaftssektoren zu schützen oder sie ergeben sich unabsichtlich, z.B. aus divergierenden Regulierungen. Um Handelshemmnisse zu reduzieren und somit wohlfahrtsfördernden Handel zu unterstützen, schließen Länder seit geraumer Zeit Handelsabkommen, die von der Schaffung von Freihandelszonen, über Zollunionen bis hin zum gemeinsamen Markt reichen, wie es für die Mitgliedsstaaten der EU der Fall ist. Wie sich diese wirtschaftliche Integration auf den Außenhandel des Vereinigten Königreichs ausgewirkt hat und mit welchen Folgen es bei Verlassen der Union zu rechnen hat, ist Thema des nächsten Kapitels.

---

94   Vgl. Breuss 2003, S. 350.
95   Vgl. Wagener und Eger 2014, S. 26.
96   Vgl. Krugman et al. 2015, S. 321.

3 Auswirkungen des Brexit auf den Außenhandel des Vereinigten Königreichs

Der folgende Abschnitt beschäftigt sich damit, wie es vor dem Brexit-Referendum um den Außenhandel des Vereinigten Königreichs stand und inwiefern er von der Zugehörigkeit zur Zollunion und zum Gemeinsamen Markt der EU beeinflusst wurde bzw. davon abhängt. Dem wird gegenübergestellt, welche Folgen der Verlust der Vorteile aus der europäischen Integration für den Außenhandel des UK haben könnte.

3.1 Status quo des Außenhandels des Vereinigten Königreichs

Mit einem Waren-Exportvolumen in Höhe von ca. 409 Mrd. USD belegte das UK 2016 Rang zehn der größten Exportwirtschaften der Welt. Beim Export von Dienstleistungen lag das Vereinigte Königreich mit 324 Mrd. USD sogar nach den USA (733 Mrd. USD) auf Platz zwei weltweit. Bei den Importen befand sich das Land 2016 mit einem Importvolumen an Waren i.H.v. 636 Mrd. USD und Dienstleistungen i.H.v. 195 Mrd. USD weltweit auf Platz vier bzw. fünf.[97] Diese Zahlen beweisen, dass das UK durchaus als offene Volkswirtschaft zu werten ist, in welcher der Außenhandel eine bedeutende Rolle spielt. Ein Blick auf den Anteil von Handel am BIP unterstreicht diese Aussage: 2016 war der Außenhandel für ca. 58 Prozent des Bruttoinlandsprodukts des Vereinigten Königreichs verantwortlich.[98] Für diese Arbeit relevant ist hierbei vor allem die Rolle der EU.

Abbildung 11 zeigt, wie sich das Handelsvolumen des UK auf Ein- und Ausfuhren, sowie auf Waren und Dienstleistungen verteilt: Die EU ist Abnehmer von 47 Prozent der Güter- bzw. 42 Prozent der Dienstleistungsexporte des Vereinigten Königreichs. Bei den Importen in das UK spielt die EU eine noch größere Rolle und steht hinter 55 Prozent der Güterimporte bzw. 48 Prozent der Dienstleistungsimporte. Insgesamt ist die EU folglich für knapp die Hälfte des Außenhandelsvolumens des Vereinigten Königreichs verantwortlich.[99] Damit kann eine große Abhängigkeit des britischen Außenhandels von der EU nicht von der Hand gewiesen werden.

---

[97] Vgl. WTO 2016c, o.S.
[98] Vgl. The World Bank 2017, o.S.
[99] Vgl. Office for National Statistics 2017a, o.S.

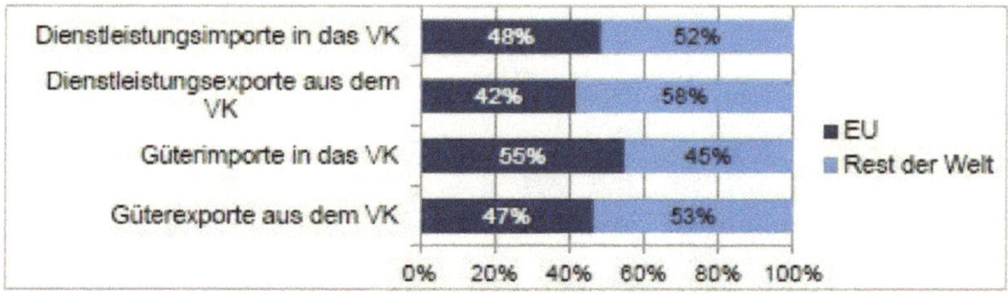

Abbildung 11 Anteil der EU an den Ein- und Ausfuhren des UK 2016
Eigene Darstellung in Anlehnung an *Office for National Statistics 2017a*, o.S.

Ebenso wird aus der Abbildung ersichtlich, dass das UK gegenüber der EU ein Handelsbilanzdefizit bei Waren und einen Handelsbilanzüberschuss bei Dienstleistungen hat, d.h. es werden mehr Waren aus der EU in das UK eingeführt, als vom UK in die EU exportiert, und mehr Dienstleistungen vom UK in die EU exportiert, als aus der EU in das UK importiert.[100]

Die Bedeutung der EU für den Außenhandel des UK geht ebenso aus einer Betrachtung der zehn wichtigsten Handelspartner des Vereinigten Königreichs in Abbildung 12 hervor. Diese sind für über 60 Prozent der Ein- und Ausfuhren des UK verantwortlich, weshalb dessen Außenhandelsstruktur als wenig diversifiziert bezeichnet werden kann.[101] Zwar stehen die USA seit Jahren an der Spitze als das Land, mit dem das UK am meisten Handel betreibt. Dennoch kann der EU aufgrund der Tatsache, dass sieben der zehn wichtigsten Handelspartner EU-Mitglieder sind, eine noch bedeutendere Rolle für den Außenhandel des UK beigemessen werden.[102]

---

[100] Vgl. Kierzenkowski et al. 2016, S. 14.
[101] Vgl. Aichele und Felbermayr 2015, S. 20.
[102] Vgl. Office for National Statistics 2017c, o.S.

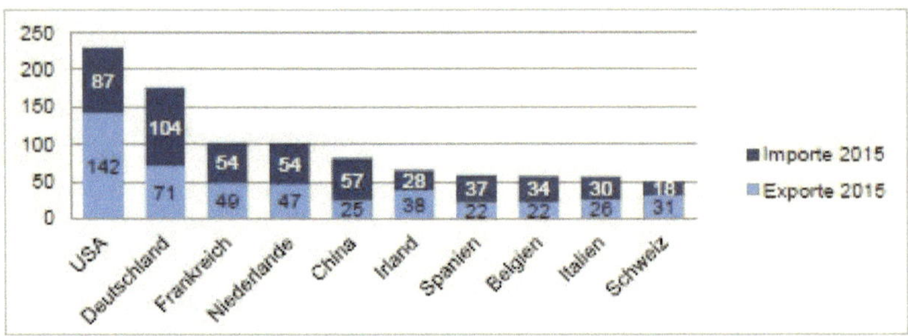

Abbildung 12 Handelspartner des UK nach Volumen (in Mrd. USD)
Eigene Darstellung in Anlehnung an *Office for National Statistics 2017c*, o.S.

Die Abbildung zeigt jedoch auch China als wichtigen Nicht-EU-Handelspartner. Das Volumen der Handelsgeschäfte zwischen China und dem Vereinigten Königreich hat sich seit 2000 nahezu verzehnfacht und das Land zum fünftwichtigsten Handelspartner des UK gemacht (Entwicklung der Handelsbeziehung siehe Anhang 1).[103] Unter anderem durch China ist die Bedeutung der EU als Exportziel des Vereinigten Königreichs in den letzten Jahren gesunken. War die EU lange Zeit der größte Empfänger britischer Exporte, so wurde sie 2009 vom Rest der Welt überholt, der 2015 56 Prozent der Ausfuhren aus dem UK aufnahm, wie aus Abbildung 13 zu entnehmen ist.[104]

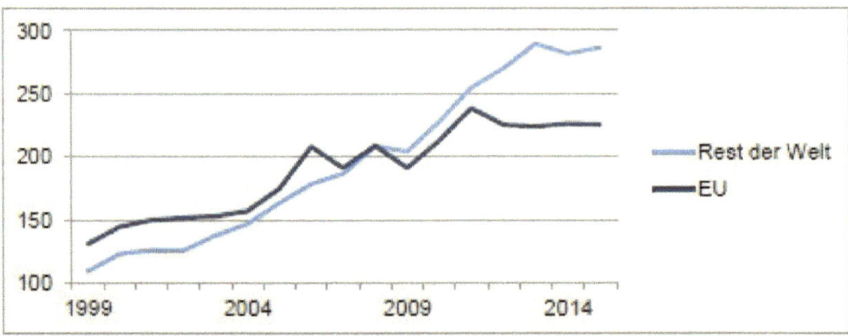

Abbildung 13 Entwicklung der Empfänger der Exporte von Waren und Dienstleistungen aus dem Vereinigten Königreich 1999-2015 (in Mrd. GBP)
Eigene Darstellung in Anlehnung an *Office for National Statistics 2016*, o.S.

---

[103] Vgl. Office for National Statistics 2017c, o.S.
[104] Vgl. Office for National Statistics 2016, o.S.

Vor allem beim Finanzdienstleistungssektor ist ein starker Rückgang des Handels mit der EU zu verzeichnen: Ca. 40 Prozent der Exporte von Finanzdienstleistungen des Vereinigten Königreichs gehen derzeit in die EU, im Jahr 2000 waren es hingegen noch 50 Prozent.[105] Grund für den Rückgang des Import- und Exportanteils der EU ist zum einen die sinkende Wettbewerbsfähigkeit Europas gegenüber China. Zum anderen ging der Handel mit anderen EU-Mitgliedern während der Finanzkrise im Vergleich zum Handel mit dem Rest der Welt überdurchschnittlich stark zurück.[106] Es ist jedoch anzumerken, dass die Abhängigkeit von der EU-Mitgliedschaft innerhalb des Vereinigten Königreichs nicht einheitlich ist. Nordirland beispielsweise, das durch seine geographische Lage viel mit Irland handelt, würde durch den Brexit stärker getroffen als andere Teile des UK. Als Konsequenz hieraus könnten Spannungen innerhalb des Vereinigten Königreichs und Unabhängigkeitsbewegungen entstehen.[107]

Dass die EU auch nach einem Austritt des UK ein bedeutender Handelspartner für das Vereinigte Königreich bleiben wird, sah bereits der ehemalige britische Premierminister David Cameron in seiner Bloomberg Rede aus dem Jahr 2013 ein, bei der er klarstellte, dass die EU auch bei einem Brexit noch viele Jahre der wichtigste Markt für das UK und für immer sein geographischer Nachbar bleiben würde.[108] Diese Aussage kann durch den eingangs vorgestellten Gravitationsansatz unterstrichen werden, demzufolge die geographische Nähe ein bedeutender Treiber für internationalen Handel ist. Die Distanz zwischen EU und UK ist viel geringer als die Distanz zwischen dem UK und anderen großen Volkswirtschaften wie China und den USA.[109] Der Gravitationsansatz und daraus abgeleitete quantitative Gravitationsmodelle können zudem herangezogen werden, um die Frage zu beantworten, inwiefern für den Handel mit der EU tatsächlich eine Mitgliedschaft in dem Bündnis nötig ist.[110] Baier et al. (2008) untersuchten in ihrer Studie über die Wirkung von wirtschaftlicher Integration, ob EU-Mitglieder mehr Handel mit anderen EU-Ländern als beispielsweise mit Ländern der Europäischen Freihandelsassoziation (Englisch: European Free Trade Association, kurz: EFTA) treiben. Im

---

[105] Vgl. Kierzenkowski et al. 2016, S. 14.

[106] Vgl. Aichele und Felbermayr 2015, S. 18.

[107] Vgl. ebd., S.42.

[108] Vgl. Cameron 2013, o.S.

[109] Vgl. Dhingra und Sampson 2016, S. 10–11.

[110] Vgl. Crafts 2016, S. 6.

Ergebnis schätzen sie, dass – unter der Annahme, dass es 15 Jahre dauert, bis Vereinbarungen zur wirtschaftlichen Integration ihre Wirkung auf den Handel voll entfalten – durch die EU-Mitgliedschaft der Handel über 15 Jahre jährlich um 5,6 Prozent ansteigt. Die Mitgliedschaft in der EFTA steigerte den Handel in den Berechnungen der Autoren über diesen Zeitraum lediglich um 3,5 Prozent.[111] Auch im tatsächlichen Vergleich mit anderen Freihandelszonen liegt die EU, was innergemeinschaftlichen Handel betrifft, deutlich vorne: Der Anteil der Exporte, die in andere Mitgliedsstaaten gehen, ist in der EU deutlich höher als in anderen regionalen Freihandelszonen. Während der Handel innerhalb der EU im Jahr 2015 63 Prozent der gesamten EU-Exporte ausmachte, lag der innergemeinschaftliche Handel in der NAFTA nur bei 50 Prozent und innerhalb von ASEAN (kurz für Association of Southeast Asian Nations) nur bei 24 Prozent (Details siehe Anhang 2).[112]

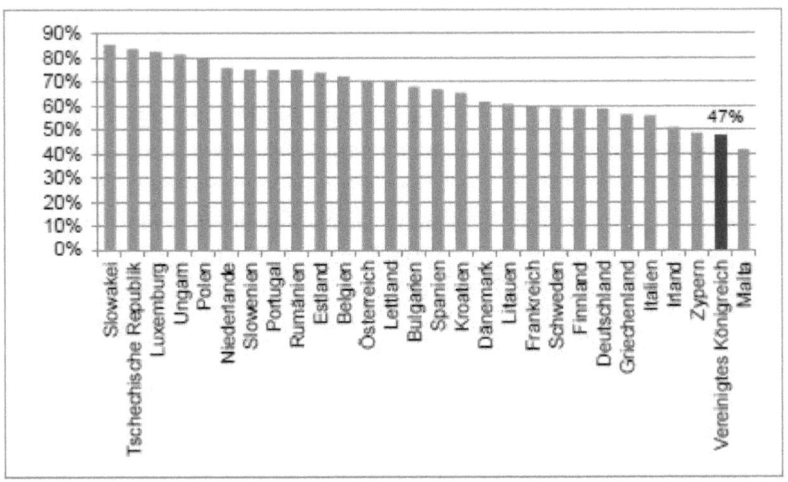

Abbildung 14 Anteil der Ausfuhren in die EU an den Ausfuhren insgesamt 2016
Eigene Darstellung in Anlehnung an Eurostat 2016a, o.S.

Aus Abbildung 14 geht hingegen hervor, dass der Anteil der Ausfuhren in die EU an den gesamten Ausfuhren der Mitgliedsländer von Land zu Land sehr unterschiedlich ist. Im Falle der Länder Slowakei, Tschechische Republik, Luxemburg

---

[111] Vgl. Baier et al. 2008, S. 485–486.
[112] Vgl. WTO 2017, S. 12.

und Ungarn sind es beispielsweise über 80 Prozent. Das UK hingehen ist vor Malta nahezu Schlusslicht unter den Mitgliedsstaaten, mit einem Anteil der Ausfuhren in die EU von nur ca. 47 Prozent.[113] Bei den Importen verhält es sich ähnlich (siehe Anhang 3). Im UK betrug der Anteil der EU an den Importen zwar mit 51 Prozent mehr als die Hälfte, im Verhältnis zu Estland (82 Prozent), Lettland (81 Prozent) oder der Slowakei (80 Prozent) ist dies jedoch vergleichsweise gering.[114]

Daraus zu schließen, dass die von Baier et al. (2008) konstatierte handelsfördernde Wirkung der EU-Mitgliedschaft für das UK weniger gilt als für andere EU-Mitglieder, ist jedoch ein Trugschluss. Badinger und Breuss (2004) haben den Anstieg des Intra-EU Handels zwischen 1960 und 2000 untersucht, und dabei nicht nur die EU als Ganzes betrachtet, sondern ihre Analysen auf die einzelnen Länder (damals EU-15) heruntergebrochen. Die Autoren zeigten zwar, dass mit ca. 70 Prozent der Großteil des Handelswachstums aus den in diesem Zeitraum steigenden Volkseinkommen stammte. Ihre Simulation zeigte jedoch auch, dass sinkende Zollsätze in Folge der wirtschaftlichen Integration durch die EU für ca. 19 bis 26 Prozent des Anstiegs des Intra-EU-Handels verantwortlich und damit der zweitstärkste Treiber von Handel waren. Und dies gilt auch für das UK: Es ist sogar unter den fünf Ländern der EU-15, die am meisten von letzterem profitiert haben.[115] Dies zeigt, dass auch wenn der Handel zwischen EU und UK kürzlich abgenommen haben mag, der Außenhandel des UK maßgeblich von der wirtschaftlichen Integration durch die EU profitiert hat. Auch Springford et al. (2016) bekräftigen die handelsschaffende Wirkung der EU-Mitgliedschaft für das UK. Die Autoren verwenden ein Gravitationsmodell, um die Rolle der EU in der Förderung von Handel zwischen dem UK, der EU und seinen 30 größten Handelspartnern zu messen. Ihren Rechnungen zufolge ist der Handel des UK mit anderen EU-Ländern trotz des Rückgangs der letzten Jahre immer noch ca. 55 Prozent höher, als man unter der Betrachtung der BIPs und Größe der Länder, sowie ihrer Entfernung zum UK erwarten würde. Die Autoren bekräftigen zudem, dass Gravitationsmodelle die tatsächliche Wirkung auf den Handel oft unterschätzen und die handelsfördernde Wirkung der EU-Mitgliedschaft womöglich sogar noch höher ist.[116] Welche Vorteile aus der EU-Mitgliedschaft Ursache für diese Wirkung sind

---

[113] Vgl. Eurostat 2016a, o.S.
[114] Vgl. Eurostat 2016b, o.S.
[115] Vgl. Badinger und Breuss 2004, S. 45.
[116] Vgl. Odendahl et al. 2016, S. 33.

und was der Wegfall dieser Vorteile beim Brexit für das UK bedeuten könnte, wird nun im nächsten Abschnitt untersucht.

3.2 Verlust des Binnenmarktzugangs

Eine der wichtigsten handelsfördernden Maßnahmen der Europäischen Union war die Schaffung des sogenannten Binnenmarkts. Gemäß dem Vertrag über die Arbeitsweise der Europäischen Union (kurz: AEUV) ist der EU-Binnenmarkt ein „Raum ohne Binnengrenzen, in dem der freie Verkehr von Waren, Personen, Dienstleistungen und Kapital gewährleistet ist."[117] Letzteres wird auch als die vier Freiheiten bezeichnet. Die über 300 Maßnahmen zur Vollendung des Gemeinsamen Marktes zielten vornehmlich auf die Senkung der Kosten im grenzüberschreitenden Handel ab.[118] Der EU Binnenmarkt ist dadurch tiefgreifender als alle anderen Freihandelszonen der Welt und hat die Handelskosten nicht nur zwischen den EU-Mitgliedsstaaten, sondern auch deren Handelspartnern erheblich gesenkt.[119] Dabei profitieren die EU-Mitglieder über verschiedene Kanäle.

3.2.1 Austritt aus der Zollunion

3.2.1.1 Zölle und Quoten

Für den Außenhandel relevant sind unter den vier Grundfreiheiten des EU-Binnenmarktes vor allem der freie Dienstleistungs- und Warenverkehr. Letzterer wird durch die europäische Zollunion erleichtert.[120] Gemäß Art. 28 Abs. 1 AEUV ist die EU eine den gesamten Warenverkehr umfassende Zollunion, die die Erhebung von Ein- und Ausfuhrzöllen oder Abgaben mit ähnlicher Wirkung zwischen den Mitgliedsstaaten verbietet und einen gemeinsamen Außenzoll gegenüber Drittländern erhebt.[121] Bei einem Austritt aus der EU könnte das Vereinigte Königreich den unbegrenzten Zugang zum Binnenmarkt und damit zur größten Zollunion der Welt verlieren.[122] Dass die Zollunion maßgeblich zum Anstieg des Intra-EU-Handels für das UK beigetragen hat, wurde bereits dargestellt. Anderer-

---

[117] Europäische Union 2012, Art. 26 Abs. 2.

[118] Vgl. Méjean und Schwellnus 2009, S. 2.

[119] Vgl. HM Government 2016b, S. 32.

[120] Vgl. Wagener und Eger 2014, S. 140.

[121] Vgl. Europäische Union 2012, Art. 28 Abs. 1.

[122] Vgl. Centre for Economics and Business Research 2015, S. 12.

seits wird der Zollunion bisweilen vorgeworfen, Schuld daran zu sein, dass das UK weniger Handel mit Nicht-EU-Ländern treibt. Das liegt daran, dass der gemeinsame EU-Außenzoll auf Importe aus Drittstaaten möglicherweise höher ist, als das Vereinigte Königreich ihn wählen würde. Odendahl et al. (2016) untersuchten diesen Vorwurf näher und kamen zu dem Ergebnis, dass es keine eindeutigen Beweise dafür gibt, dass die EU-Mitgliedschaft den britischen Handel von Nicht-EU-Mitgliedern weglenkt. Ihre Schätzungen lassen sogar die Vermutung zu, dass die EU-Mitgliedschaft den Handel mit den 30 wichtigsten Nicht-EU-Handelspartnern gefördert hat, wenngleich das Ergebnis statistisch nicht signifikant ist.[123]

Sollte der Brexit zu einem Verlassen der europäischen Zollunion führen, könnte das Vereinigte Königreich fortan seine Außenzölle selbst bestimmen. Obläge der Handel beispielsweise nur den Vorgaben der Welthandelsorganisation (Englisch: World Trade Organisation, kurz: WTO, Details siehe Kapitel 4.3), könnte das UK selbst seinen sogenannten Meistbegünstigungszollsatz (Englisch: Most Favoured Nation Tariff, kurz MFN) wählen, der auf die Einfuhren aus der EU und jeglichem anderen Handelspartner erhoben wird. Im Gegenzug würden jedoch auch die EU-Meistbegünstigungszollsätze auf die britischen Exporte in die EU angewendet.[124] Das Prinzip der MFN-Zölle stammt aus dem General Agreement on Tariffs and Trade (kurz: GATT) aus dem Jahre 1947, einem Abkommen, dessen teilnehmende Länder sich dazu verpflichtet haben, bei Abwesenheit eines Freihandelsabkommens den Importen anderer Mitglieder keine bevorzugte Behandlung im Vergleich zu jeglichem anderen WTO-Mitglied zu gewähren. Folglich darf ein Handelspartner bzgl. Zöllen, aber auch nicht-tarifären Handelshemmnissen gegenüber anderen Handelspartnern weder bevorzugt, noch diskriminiert werden.[125] Dadurch könnte das UK nicht beliebig hohe Zölle auf Importe aus der EU erheben, und ihr auch keine niedrigeren Zollsätze als anderen Handelspartnern gewähren, mit denen ebenfalls keine präferentiellen Abkommen bestehen. Auch die EU könnte das Vereinigte Königreich ohne Handelsabkommen nicht bevorzugt behandeln. Entsprechend würden die aktuellen MFN-Zölle der EU, in Abbildung 15

---

[123] Vgl. Odendahl et al. 2016, S. 32–34.
[124] Vgl. Kierzenkowski et al. 2016, 6 und 19.
[125] Vgl. Gandolfo 2014, S. 216.

ihrer Höhe nach gegliedert, auch für in die EU importierte Güter aus dem UK gelten.[126]

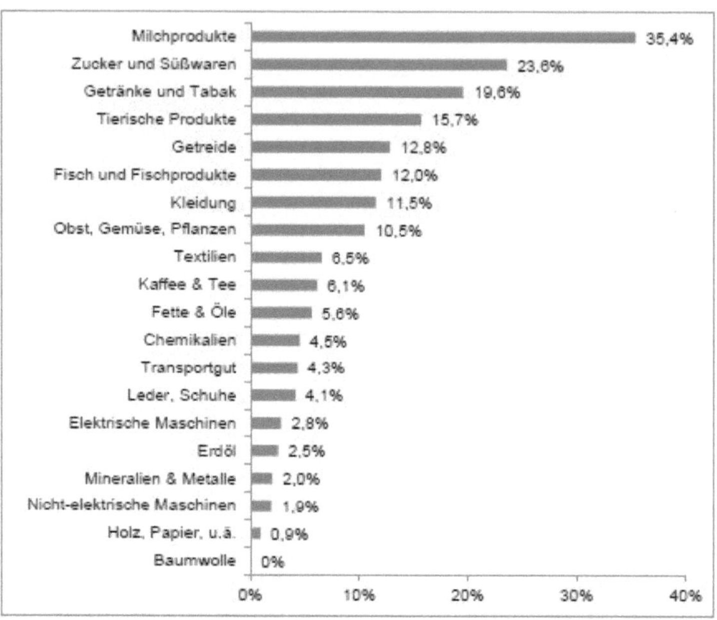

Abbildung 15 Meistbegünstigungszollsätze der EU nach Produktkategorie
Eigene Darstellung in Anlehnung an WTO 2016b, o.S.

Der durchschnittlich von der EU erhobene MFN-Zollsatz lag 2016 bei 4,2 Prozent. Die Spannbreite ist jedoch relativ groß und reicht von 0 Prozent auf Baumwolle bis hin zu 35 Prozent auf Milchprodukte.[127] Entsprechend würden EU-Importzölle ausgesprochen heterogene Auswirkungen für britische Export-Sektoren mit sich bringen. Nach einer Hochrechnung von Booth et al. (2015) stammen ca. 35 Prozent der in die EU exportierten Güter aus dem Vereinigten Königreich aus denjenigen Sektoren mit verhältnismäßig hohen Zöllen, darunter neben Fahrzeugen auch Chemikalien, Nahrungsmittel, Getränke und Tabak.[128] Die Pharma-, Metall- und Ölindustrie, die zu den exportstärksten Sektoren der britischen Wirtschaft

---

[126] Vgl. HM Government 2016b, S. 99.
[127] Vgl. WTO 2016b, o.S.
[128] Vgl. Booth et al. 2015, S. 28.

gehören, werden jedoch weitgehend verschont: Tabelle 4 stellt dar, welche EU-MFN Zölle auf den Import der exportstärksten Güter aus dem UK, aufgeschlüsselt nach der 6-stelligen HS1992 Güterklassifikation, angewandt würden. Während die Kfz-Industrie mit relativ hohen Importzöllen von 10 Prozent belegt würde, liegen die aktuellen EU-MFN Zölle für Medikamente, Gold und Rohöl bei 0 Prozent, wodurch diese Branchen geringeren Schaden durch den Brexit davontragen würden.[129]

HS Produkt Code	Produktbezeich- nung	Export-Wert in Mio. USD	EU MFN Zoll
300490	Medikamente	17.469	0%
710813	Gold	15.545	0%
870323	PKW	14.436	10%
880330	Flugzeugteile	13.681	bis 2,7%
270900	Rohöl	13.187	0%

Tabelle 4 Top 5 Exportgüter des UK mit Zöllen
Eigene Darstellung in Anlehnung an *United Nations 2017*, o.S. & *Europäische Kommission 2016*, o.S.

Wie in Kapitel 2 gezeigt wurde, würden Zölle auf importierte Waren aus der EU dazu führen, dass diese für die britischen Konsumenten teurer werden. Dadurch würde die Preissenkung, die sich durch die Europäische Zollunion für britische Konsumenten ergeben hat, womöglich wieder rückgängig gemacht[130], wodurch die Nachfrage nach betroffenen Produkten sinken würde. Da auch viele britische Produzenten von Importen aus der EU abhängen, würden diese durch die höheren Preise an Wettbewerbsfähigkeit verlieren.[131] Auch Importzölle der EU auf Einfuhren aus dem UK würden Kosten für britische Exporteure verursachen: Da das UK im Vergleich zur EU eine relativ kleine Wirtschaftsmacht ist, könnten britische Exporteure den Zoll nicht in voller Höhe auf die eigenen Preise aufschlagen und müssten in der Folge einen bestimmten Anteil des Zolls selbst tragen.[132] Gerade innerhalb komplexer grenzüberschreitender Wertschöpfungsketten können bereits geringe Zölle zu einem starken Anstieg der Handelskosten führen, da Komponenten, bevor sie zu einem fertigen Produkt zusammengebaut werden, mehr-

---

129 Vgl. Europäische Kommission 2016, o.S.
130 Vgl. Centre for Economics and Business Research 2015, S. 12.
131 Vgl. HM Government 2016b, S. 98–99.
132 Vgl. Pain und Young 2004, S. 397.

mals Ländergrenzen überqueren.[133] Gemäß Odendahl et al. (2016) sind lediglich 40 Prozent der britischen Ausfuhren in die EU direkte Exporte fertiger Produkte, die übrigen 60 Prozent hängen als indirekte Nachfrage aus der EU von den grenzüberschreitenden europäischen Wertschöpfungsketten ab.[134]

Eine Studie von Kierzenkowski et al. (2016) von der OECD beziffert den möglichen Rückgang der Exporte durch den Austritt aus der Zollunion auf ca. acht Prozent. Selbst wenn das UK ein neues Freihandelsabkommen mit der EU aushandeln kann, so würden die MFN-Zölle laut dieser Studie im Handel mit anderen Ländern immer noch zu einem Exportrückgang von ca. 6,5 Prozent führen.[135] Gleichwohl gibt es Studien, die der Einführung von Zöllen nur geringe Auswirkungen auf den Handel und die Wohlfahrt des UK beimessen.[136] Dies liegt daran, dass sie unterschiedliche Annahmen über die Substitutionselastizität zugrunde legen. Ist die Elastizität jedoch hoch, d.h. weichen Kunden bei höheren Preisen schnell auf andere Produkte aus, so haben Zölle einen relativ großen Einfluss auf das Handelsvolumen.[137]

3.2.1.2 Grenzkontrollen und Ursprungsregeln

Die Entstehung von Zöllen könnte das Vereinigte Königreich möglicherweise durch das Aushandeln eines entsprechenden Freihandelsabkommens mit der EU umgehen. Doch da das UK durch den Austritt aus der EU auch bei einem Freihandelsabkommen nicht zwingend Mitglied in der Europäischen Zollunion wäre, unterläge der Handel mit der EU zwar keinen Zöllen, dafür aber Zollabfertigungsvorschriften inklusive Ursprungsregeln.[138] Ursprungsregeln bzw. Ursprungszertifikate wurden bereits in Kapitel 2.4 bei der Darstellung der verschiedenen Integrationsstufen erwähnt. Sie dienen zur Bestimmung, ob ein Gut, das in einem Land hergestellt wurde, mit dem ein Freihandelsabkommen besteht, zollfrei eingeführt werden darf.[139] So kann beispielsweise ein in Deutschland produziertes Auto mit einem Motor aus Japan zollfrei in weitere EU-Mitgliedsstaaten exportiert werden.

---

[133] Vgl. Booth et al. 2015, S. 28.

[134] Vgl. Odendahl et al. 2016, S. 30–31.

[135] Vgl. Kierzenkowski et al. 2016, S. 19.

[136] Vgl. Aichele und Felbermayr 2015, S. 40.

[137] Vgl. Booth et al. 2015, S. 95–96.

[138] Vgl. Busch und Matthes 2016b, S. 7.

[139] Vgl. Dhingra und Sampson 2016, S. 5.

Würde das Auto mit dem japanischen Motor nun im UK und damit möglicherweise künftig außerhalb der Zollunion produziert, wären für den Export umfassende Ursprungsdokumente nötig und es würde wahrscheinlich Zöllen für den japanischen Motor unterliegen.[140] Britische Firmen müssten beim Export ihrer Waren in die EU Zollerklärungen einreichen, beim Grenzübertritt Mehrwertsteuer auf die Produkte abführen und mitunter lange Wartezeiten bei der Zollabfertigung hinnehmen.[141]

Laut Busch und Matthes (2016) liegen die Kosten für die Befolgung von Ursprungsregeln zwischen vier und acht Prozent des Warenwerts.[142] Auch eine Studie der OECD (2013) hat derartige Handelskosten untersucht und kam zu dem Schluss, dass die Kosten für den Grenzübergang, die notwendige Dokumentation und zeitraubende administrative Prozeduren die Transaktionskosten beim internationalen Handel auf zwei bis 24 Prozent des Produktwertes steigern können.[143] Die von britischen Exporteuren auszufüllenden Formulare wären umfangreich und komplex, zudem kann das Einreichen von Unterlagen über die Herkunft der Produktbestandteile und das Vorlegen von Beweisen über die Konformität mit EU-Normen nötig sein. Entsprechend wären gerade kleine britische Unternehmen im Besonderen von einem Austritt aus der Zollunion betroffen, da dort häufig die Expertise für die komplexen Zollprozeduren fehlt.[144]

Doch auch zeitsensitive Industrien, wie die Nahrungsmittelindustrie, oder Sektoren, die über komplexe Wertschöpfungsketten mit anderen EU-Mitgliedern verwoben sind und viele Produktbestandteile importieren, würden durch den zusätzlichen administrativen Aufwand beeinträchtigt.[145] Hornok (2012) hat versucht zu quantifizieren, welche Auswirkungen die durch wegfallende Zollprozeduren kürzeren Lieferzeiten in der EU auf den Handel der Mitgliedsländer haben. Sie kam zu dem Ergebnis, dass die Reduktion der Wartezeit um eine Stunde in etwa einem Rückgang von Wertzöllen i.H.v. 0,9 Prozent entspricht und zu 5 Prozent mehr Handel in zeitintensiven Sektoren führt.[146] Im Umkehrschluss bedeutet

---

[140] Vgl. Ebell und Warren 2016, S. 124.
[141] Vgl. HM Government 2016b, S. 33.
[142] Vgl. Busch und Matthes 2016a, S. 7.
[143] Vgl. Moïsé und Le Bris 2013, S. 4.
[144] Vgl. HM Government 2016b, S. 100–101.
[145] Vgl. Ciuriak et al. 2015, S. 2.
[146] Vgl. Hornok 2012, S. 16–17.

das für das Vereinigte Königreich, dass durch den Zeitaufwand der Grenzabfertigungsprozeduren das Volumen der Handelsströme zwischen ihm und der EU abnehmen würde. Britische Unternehmen würden womöglich von den (Just-in-time-)Wertschöpfungsketten anderer europäischer Firmen ausgeschlossen und bei zukünftigen Wertschöpfungsketten nicht mehr berücksichtigt werden.[147] Aufgrund ihrer intensiven Verflechtungen in europäische Wertschöpfungsketten haben vor allem die Kfz-Industrie und der Chemie- bzw. Maschinenbausektor mit Einbußen durch den Brexit zu rechnen.[148]

3.2.2 Entstehung nicht-tarifärer Handelshemmnisse durch Regulierungsdivergenzen

3.2.2.1 Allgemeine Binnenmarkt-Regulierungen

Des Weiteren hat der britische Außenhandel mit Einbußen durch die Entstehung nicht-tarifärer Handelshemmnisse in Folge von Regulierungsdivergenzen zu rechnen. Diese waren mit der Schaffung des Europäischen Binnenmarkts in großem Umfang beseitigt worden. Denn mit der Umsetzung der Europäischen Zollunion im Jahre 1968 war der Handel innerhalb der EU noch bei weitem nicht barrierefrei. Jedes Mitgliedsland konnte weiterhin frei über Vorgaben und Normen entscheiden, die ein Produkt erfüllen musste, um in das Land importiert werden zu dürfen. Dadurch wurden Produzenten z.B. zur Herstellung unterschiedlicher Produktvarianten für verschiedene Märkte gezwungen und konnten entsprechend weniger von Skalenerträgen profitieren.[149] Dem wurde über zwei Wege begegnet, mit der positiven und der negativen Integration: Mit negativer Integration sind die Artikel der EU-Verträge gemeint, die darauf ausgerichtet sind, Mitgliedsstaaten daran zu hindern, unangemessene oder ungerechtfertigte Barrieren zu erhalten oder aufzubauen, die den freien Verkehr von Waren, Dienstleistungen, Personen und Kapital behindern. Hierunter fällt beispielsweise das Diskriminierungsverbot gegenüber Mitgliedsstaaten. Die sogenannte positive Integration wiederum bezieht sich auf die Ermächtigung der EU, Gesetze zu erlassen, die auf die Beseitigung von Handelshemmnissen abzielen, die beispielsweise durch unterschiedliche nationale Regelungen entstanden sind. Durch die entweder direkt

---

[147] Vgl. Busch und Matthes 2016a, S. 9.
[148] Vgl. Aichele und Felbermayr 2015, S. 43.
[149] Vgl. Brasche 2013, S. 78–79.

anzuwendenden Verordnungen der EU bzw. in nationales Recht umzusetzenden Richtlinien konnte eine weitreichende Harmonisierung der Regulierung in der EU erreicht werden.[150]

Es kann davon ausgegangen werden, dass die EU sich auch weiterhin bemühen wird, Kosten zu senken, die durch nicht-tarifäre Handelshemmnisse entstehen. Méjean und Schwellnus (2009) vertreten die Annahme, dass die Handelskosten im Intra-EU-Handel ca. 40 Prozent schneller sinken werden, als in anderen OECD-Ländern.[151] Das UK würde nach dem Brexit jedoch nicht mehr davon profitieren.[152] Aktuell sind zwar verschiedenste Produkt- und Dienstleistungsregulierungen im Vereinigten Königreich nach den Vorgaben der EU ausgerichtet. Werden die Regulierungen des UK jedoch nicht mehr an Entwicklungen der EU angepasst, und weichen folglich von diesen ab, können daraus nicht-tarifäre Handelshemmnisse entstehen.[153] Das UK müsste sich in der Folge entscheiden, ob es EU-Regulierungen annehmen will, bei denen es außerhalb der EU womöglich nicht mitbestimmen kann, zu zwei verschiedenen Standards für EU und Nicht-EU produziert oder den Export in die EU ganz einstellt.[154]

3.2.2.2 EU-Bankenpass

Besonders von nicht-tarifären Handelshemmnissen betroffen könnte der Finanzsektor Großbritanniens werden. Gerade dieser konnte vom Zugang zum EU-Binnenmarkt profitieren, wodurch der komparative Vorteil Londons bei den Finanzdienstleistungen gestärkt wurde.[155] London zählt zu den größten Finanzzentren weltweit und ist zweifelsohne der wichtigste Finanzplatz Europas, an dem sich die Europazentralen zahlreicher großer Banken und Versicherungen befinden. Grund hierfür ist neben den in Kapitel zwei genannten Agglomerationseffekten der sogenannte EU-Bankenpass, der in einem EU-Land zugelassenen Finanzinstituten die Regulierung durch alle 28 europäischen Aufsichten erspart und lediglich die Erlaubnis der nationalen Aufsicht (hier der Aufsicht des UK) ver-

---

[150] Vgl. HM Government 2013, S. 20.

[151] Vgl. Méjean und Schwellnus 2009, S. 20.

[152] Vgl. Ottaviano et al. 2014, S. 7.

[153] Vgl. Ciuriak et al. 2015, S. 9.

[154] Vgl. HM Government 2016b, S. 105.

[155] Vgl. Kierzenkowski et al. 2016, S. 14.

langt, damit es seine Dienste in der gesamten EU anbieten darf.[156] Hierfür benötigt es durch den EU-Bankenpass zudem keine neue Zulassung oder eine Niederlassung im Ausland.[157]

Gemäß Busch (2015) ist es durchaus wahrscheinlich, dass die britischen Finanzdienstleister durch den Brexit den EU-Bankenpass verlieren und damit die Niederlassungs- und Dienstleistungsfreiheit innerhalb der EU.[158] Die Folge daraus wäre womöglich eine Verlagerung des Firmensitzes diverser Banken und Versicherungen in andere EU-Länder, um auch künftig über den EU-Bankenpass lediglich von der Europäischen Aufsicht reguliert zu werden.[159] So gaben beispielsweise bereits vier der fünf größten US-Investmentbanken bekannt, einen bedeutenden Anteil ihres europäischen Geschäfts von London nach Frankfurt am Main verlagern zu wollen.[160] Als Gewinner des Abzugs von Finanzdienstleistern aus London werden neben Frankfurt am Main auch Paris und Luxemburg genannt, wobei Frankfurt durch die Präsenz der Europäischen Zentralbank (kurz: EZB) und den hohen Anteil freier Büroflächen zu geringeren Mieten einen klaren Vorteil ggü. Paris und Luxemburg besitzt.[161] Ein Abzug der Banken hätte nach Prof. Dr. Stefan Reitz (2016) von der Universität in Kiel für London nach und nach einen Verlust seines Kostenvorteils zur Folge und würde dazu führen, dass immer mehr Finanzinstitute auf den Kontinent abwandern und London seine Agglomerationsvorteile verliert.[162] Dem halten Demary und Voigtländer (2016) entgegen, dass Transaktionen mit der EU nur einen Teil der Londoner Finanzdienstleistungen ausmachen. Die Autoren gehen davon aus, dass London gerade für China, aber auch für andere Wirtschaftsregionen von großer Bedeutung bleiben wird, in denen viel Liquidität vorhanden ist, die von den dortigen unterentwickelten Kapitalmärkten aber nicht bewältigt werden könne.[163]

Zudem dient die Schweiz als Beispiel für ein Land, das auch ohne EU-Bankenpass einen großen Anteil seiner Finanzdienstleistungen in die EU exportiert. Ca. 45

---

[156] Vgl. Busch 2015, S. 1548–1552.

[157] Vgl. Busch und Matthes 2016a, S. 8.

[158] Vgl. Busch 2015, S. 1548–1552.

[159] Vgl. Borhaug et al. 2013, S. 157.

[160] Vgl. Handelsblatt 2017, o.S.

[161] Vgl. Demary und Voigtländer 2016, S. 2–3.

[162] Vgl. Reitz 2016, o.S.

[163] Vgl. Demary und Voigtländer 2016, S. 2–3.

Prozent der Schweizer Finanzdienstleistungsexporte gehen in die EU, was durch ein Abkommen zwischen EU und der Schweiz aus den frühen 1990er Jahren vereinfacht wird.[164] Dem muss jedoch hinzugefügt werden, dass viele Schweizer Banken ihren Sitz in London, d.h. in einem aktuellen EU-Mitglied haben.[165] Dies gilt ebenso für Finanzunternehmen aus den USA. Deshalb wird es selbst von EU-Kritikern als essentiell erachtet, den Zugang zum Binnenmarkt für den Finanzdienstleistungssektor zu erhalten, auch wenn dafür ein gewisses Maß an EU-Regulierung übernommen werden muss.[166] Aichele und Felbermayr rechnen jedoch unabhängig von der künftigen Beziehung zwischen UK und EU im Zuge des Brexit mit einer Abnahme der Wertschöpfung im Finanzdienstleistungssektor um ca. fünf Prozent.[167]

3.3 Vertretung durch die EU in der Außenhandelspolitik

Neben Zollfreiheit unter Mitgliedsstaaten und der Beseitigung nicht-tarifärer Handelshemmnisse profitiert der Handel der EU-Mitglieder von einer gemeinsamen Außenhandelspolitik und der Vertretung durch die EU u.a. bei Verhandlungen über Freihandelsabkommen. Die Mitgliedsstaaten können im Gegenzug nicht selbstständig, d.h. unabhängig von der EU ihre eigene Handelspolitik betreiben, z.B. um Handelsabkommen mit Drittländern abzuschließen.[168] Als EU-Mitglied genoss das Vereinigte Königreich durch Freihandelsabkommen der EU präferentiellen Marktzugang zu fast 80 Drittländern.[169] Würden alle aktuell in Verhandlung stehenden Handelsabkommen der EU erfolgreich abgeschlossen, so würden über 80 Prozent der Exporte des UK entweder in die EU gehen, oder in Märkte, mit denen die EU über Freihandelsabkommen verfügt.[170] Mit einem Austritt aus der EU verliert das Vereinigte Königreich den vereinfachten Marktzugang damit nicht nur zu EU-Ländern, sondern auch zu all diesen Drittstaaten und müsste alle Freihandelsabkommen neu aushandeln.[171]

---

[164] Vgl. Kierzenkowski et al. 2016, S. 14.

[165] Vgl. Booth et al. 2015, S. 58.

[166] Vgl. Mansfield 2014, S. 13.

[167] Vgl. Aichele und Felbermayr 2015, S. 43.

[168] Vgl. House of Commons 2013a, S. 24.

[169] Vgl. Europäische Kommission 2017b.

[170] Vgl. HM Government 2016b, S. 108.

[171] Vgl. Kierzenkowski et al. 2016, S. 6.

Kommt es zum Abschluss des Handelsabkommens zwischen EU und USA, wäre das UK von den beiden größten präferentiellen Handelsabkommen der Welt – der EU und dem Transatlantischem Freihandelsabkommen (Englisch: Transatlantic Trade and Investment Partnership, kurz: TTIP) – ausgeschlossen.[172] Felbermayr und Aichele (2015) beziffern die Auswirkungen des Verlusts der Freihandelsabkommen der EU mit einem Rückgang von 1,6 bis 3 Prozent des Realeinkommens des UK. Die sinkenden Exporte in die EU würden in die USA und nach Ostasien umgelenkt, importseitig würden vor allem Einfuhren aus China und den USA zunehmen.[173] Der Handel zwischen dem UK und Russland bzw. China findet aktuell ohnehin ohne EU-Handelsabkommen statt, hier würde der Marktzugang also durch einen Brexit nicht geschädigt.[174] Insgesamt kann jedoch davon ausgegangen werden, dass der Anteil der Ein- und Ausfuhren am BIP des UK durch den Rückgang des Handels mit der EU abnehmen und sich das Land somit zu einer weniger offenen Volkswirtschaft entwickeln wird.[175]

3.4 Mögliche Reaktionen des Vereinigten Königreichs

3.4.1 Einseitiger Freihandel

Um diesen Entwicklungen entgegenzuwirken, hat das UK verschiedene Möglichkeiten. Zum einen könnte es seine Importzölle gegenüber Drittländern senken oder gar ganz aufheben, wozu es innerhalb der Zollunion durch die gemeinsamen EU-Außenzölle nicht in der Lage war.[176] Dies war auch eine der Forderungen von Brexit-Befürwortern, die durch Liberalisierung und Deregulierung eine Art „Singapur-Status" für das UK anstrebten.[177] Die Aufhebung von Importzöllen würde den Wettbewerbsdruck bei den britischen Unternehmen aufgrund von günstigen Importen erhöhen. Der höhere Konkurrenzdruck würde die britischen Firmen zu Effizienzsteigerungen durch mehr Spezialisierung und bessere Ressourcenallokation anreizen. Günstige Importe führen außerdem zu niedrigeren Preisen sowohl

---

[172] Vgl. Booth et al. 2015, S. 29.

[173] Vgl. Aichele und Felbermayr 2015, S. 40–42.

[174] Vgl. Borhaug et al. 2013, S. 136.

[175] Vgl. Aichele und Felbermayr 2015, S. 40–42.

[176] Vgl. Busch und Matthes 2016a, S. 12–14.

[177] Vgl. Wohlgemuth et al. 2016, S. 14.

für Konsumenten, als auch für Unternehmen.[178] Zudem müssten bei einseitigem Freihandel in das UK importierte Produkte keine Ursprungsregeln mehr erfüllen.[179] Er hätte die positiven Effekte auf Handel und Wohlfahrt, die bereits in Kapitel zwei angeführt wurden. Gemäß Minford (2005) würde durch die einseitige Aufhebung der Außenhandel des UK sogar ansteigen und dies das britische Bruttoinlandsprodukt um bis zu vier Prozent steigern.[180]

Kritiker setzen dem entgegen, dass selbst bei durch Zollfreiheit niedrigeren Preisen nicht alle beim günstigsten Anbieter kaufen würden. Das liegt zum einen an der Verschiedenartigkeit von in unterschiedlichen Ländern hergestellten Gütern, zum anderen aber auch am Einfluss auf Handel von z.B. geographischer Nähe oder dem Wohlstand eines Landes, siehe Gravitationsansatz. Sampson et al. (2016) beziehen diese Aspekte in ihre Berechnungen anhand moderner Handelsmodelle mit ein und kommen zu dem Ergebnis, dass selbst bei einseitigem Abbau von Handelshemmnissen der Außenhandel des UK sinken würde. Ursache dafür ist, dass die Handelshemmnisse u.a. in Form von Zöllen auf Seiten der EU bestehen blieben und das UK damit höhere Kosten im Geschäft mit seinem wichtigsten Handelspartner zu tragen hätte.[181]

Zudem ist dieser Ansatz einseitigen Freihandels politisch so umstritten, dass seine Umsetzbarkeit angezweifelt werden kann. Er würde zuvor geschützte Industrien einem Wettbewerbsdruck aussetzen, dem einige Unternehmen nicht standhalten könnten.[182] Des Weiteren müsste das UK aufgrund des Meistbegünstigungsprinzips jegliche Importzölle abschaffen, d.h. nicht nur gegenüber ausgewählten Handelspartnern. Dadurch würde sich die Verhandlungsposition des UK in Bezug auf künftige Freihandelsabkommen erheblich verschlechtern, denn durch den einseitigen Zollabbau hätten die Handelspartner keinen Anreiz mehr, britischen Unternehmen bevorzugten Zugang zu ihren Märkten zu gewähren.[183]

---

[178] Vgl. Booth et al. 2015, S. 84–85.
[179] Vgl. Ciuriak et al. 2015, S. 12.
[180] Vgl. Minford et al. 2005, S. 174.
[181] Vgl. Sampson et al. 2016, S. 2.
[182] Vgl. Booth et al. 2015, S. 84–85.
[183] Vgl. HM Government 2016a, S. 38.

3.4.2 Abschluss eigener Handelsabkommen

Die zweite Option, um den Verlust der EU-Handelsabkommen zu kompensieren, ist der Abschluss eigener Freihandelsabkommen durch das Vereinigte Königreich.[184] Dies könnte das UK dazu nutzen, um maßgeschneiderte Handelsabkommen anzustreben, die den Bedürfnissen der britischen Unternehmen besser entsprechen als die Abkommen der EU.[185] Denn von den Brexit-Befürwortern wurde vor dem Referendum kritisiert, dass die Handelsabkommen der EU mehr auf die Erleichterung des Warenverkehrs als des Dienstleistungsverkehrs ausgerichtet seien, zum Nachteil für das UK.[186] So bliebe der freie Dienstleistungsverkehr weiterhin durch u.a. rechtliche, administrative und regulatorische Barrieren gehemmt, die sich bspw. in unterschiedlicher Besteuerung von Dienstleistungen oder fehlender Anerkennung ausländischer Bildungsabschlüsse zeigten.[187] Mit dem Austritt aus der EU hätte das UK die Möglichkeit, fortan eine von der EU unabhängige Außenhandelspolitik betreiben zu können und damit einen besseren Zugang zu für das UK wichtigen Märkten zu gewinnen.[188] Dem muss jedoch entgegengesetzt werden, dass das Vereinigte Königreich durchaus von den Handelsabkommen der EU profitiert hat. Breinlich et al. (2016) schätzen, dass die in den letzten zwanzig Jahren von der EU abgeschlossenen Handelsabkommen die qualitätsbereinigten Preise von Einfuhren in das UK um knapp 20 Prozent gesenkt haben[189] und damit die Konsumenten aus dem UK weitaus mehr von der europäischen Integration profitierten als andere EU-Mitgliedsstaaten.[190]

Für neue Freihandelsabkommen müsste sich das UK zunächst Verhandlungsfähigkeiten aneignen, denn seit über 40 Jahren hat es kein bilaterales Handelsabkommen mehr allein geschlossen und sich von den Verhandlungskompetenzen der EU abhängig gemacht. Doch seitdem ist das Aushandeln von Handelsabkommen viel komplexer geworden. Deshalb wird die Investition in Wirtschaftsanwälte, Handelstheoretiker und diplomatische Kenntnisse empfohlen. Auch zu intensivem Kontakt zu Unternehmen wird geraten, um Rückmeldung zu erhalten, wie

---

[184] Vgl. Booth et al. 2015, S. 29.

[185] Vgl. Dhingra und Sampson 2016, S. 10.

[186] Vgl. Booth und Howarth 2012, S. 16.

[187] Vgl. House of Commons 2013a, S. 25.

[188] Vgl. Ciuriak et al. 2015, S. 10.

[189] Vgl. Breinlich et al. 2016, S. 21.

[190] Vgl. Dhingra et al. 2016a, S. 8.

sich bestimmte Regelungen auf diese auswirken würden.[191] Die Regierung wird entsprechend einem starken Druck ausgesetzt sein in Anbetracht der großen Zahl an Handelsabkommen, die nötig sind, um Handelsunterbrechungen zu vermeiden.[192]

Zudem stehen die Vorteile durch eine größere Autonomie bei der Verhandlung eigener Abkommen den Nachteilen aus einer niedrigeren Verhandlungsmacht gegenüber. Die Brexit-Befürworter nutzten das Handelsdefizit des UK gegenüber der EU zwar, um herauszustellen, dass die EU in gewissem Maße vom UK als Empfänger europäischer Importe abhinge und das UK entsprechend eine gute Verhandlungsposition gegenüber der EU hätte. Die Tatsache, dass die EU Empfänger von ca. 45 Prozent der britischen Exporte ist und das UK lediglich durchschnittlich acht Prozent der Intra-EU-Exporte einführt, spricht jedoch gegen dieses Argument.[193] Zudem ist die EU sogar ohne das Vereinigte Königreich nach China der größte Exporteur und nach den USA der zweitgrößte Importeur der Welt. Diese Tatsache macht die Europäische Union zu einem attraktiven Handelspartner und verleiht ihr eine starke Position bei Handelsgesprächen. Durch seine geringere ökonomische Größe hätte das UK hingegen eine sehr viel geringere Verhandlungsmacht bei Handelsgesprächen.[194]

Diese Ansicht ist weitgehend verbreitet und wird beispielsweise auch von der Senior European Experts Group (kurz SEEG) geteilt, die feststellt, dass selbst große EU-Mitglieder wie das UK Schwierigkeiten haben würden, so gute Abkommen auszuhandeln wie die EU. Die geringere Verhandlungsmacht würde sich folglich negativ auf die Qualität zukünftiger Handelsabkommen auswirken, sei es mit der EU oder mit Drittstaaten.[195] In Bezug auf Verhandlungen mit der EU muss an dieser Stelle auch die aus Art. 50 des Lissabon-Vertrags stammende Beschränkung der Zeitspanne für die Brexit-Verhandlungen auf zwei Jahre genannt werden, die nur durch beiderseitige Zustimmung verlängert werden kann. Kommt kein Abkommen zustande, würde der Handel zwischen EU und UK nur noch WTO-Regeln unterliegen. In der Folge ist es wahrscheinlich, dass das UK bei Annäherung an die

---

[191] Vgl. Sampson 2016, S. 6.
[192] Vgl. Borhaug et al. 2013, S. 136.
[193] Vgl. Odendahl et al. 2016, S. 38–39.
[194] Vgl. Dhingra und Sampson 2016, S. 10.
[195] Vgl. HM Government 2014, S. 43.

Zweijahresmarke bereitwilliger Zugeständnisse macht und lieber ein schlechtes Abkommen akzeptiert, als gar keines zu erzielen.[196]

Außerdem kann es als wahrscheinlich angesehen werden, dass andere große Volkswirtschaften es vorziehen, zunächst Handelsabkommen mit der EU abzuschließen, als mit einem kleinen Land wie dem Vereinigten Königreich.[197] Andere Länder, wie die USA, gaben zunächst sogar an, gar kein Handelsabkommen mit dem UK alleine abschließen zu wollen.[198] Auch kann davon ausgegangen werden, dass Handelspartner des UK erst abwarten wollen, wie sich das Verhältnis zwischen ihm und der EU entwickelt, bevor sie eigene Handelsabkommen mit dem Vereinigten Königreich abschließen.[199] Die Verhandlungen zwischen der EU und dem UK, ebenso wie die Gespräche über andere neue Handelsabkommen werden sich zudem mit großer Wahrscheinlichkeit als langwierig herausstellen. Zum Vergleich: Die Verhandlungen für das Abkommen mit der Schweiz, das häufig als mögliches Szenario für das UK genannt wird, zogen sich über zehn Jahre hin.[200] Doch auch weniger komplexe Handelsabkommen befinden sich i.d.R. über mindestens drei Jahre in der Verhandlungsphase, was sich gemäß Kierzenkowski et al. (2016) nach dem Brexit negativ auf den Handel auswirken und viele Ressourcen verbrauchen wird.[201]

Die Briten erhofften sich vom Brexit eine „EU light" Version, mit mehr nationaler Selbstbestimmung und weniger freiem Personenverkehr, aber ohne auf die übrigen Vorteile des EU Binnenmarktes verzichten zu wollen. Dass die verbleibenden EU-Länder dem UK diese Sonderwünsche gewähren, ist jedoch zweifelhaft.[202] Denn die Gefahr ist groß, dass das UK anderen euroskeptischen EU-Ländern als Vorbild dienen könnte.[203] Nach einer Umfrage von Ipsos Mori, die am 16. Mai 2016 veröffentlicht wurde, würden auch 48 Prozent der Italiener und 41 Prozent der Franzosen bei einem Referendum für den Austritt ihres Landes aus der EU

---

[196] Vgl. Sampson 2016, S. 5.

[197] Vgl. HM Government 2016b, S. 109.

[198] Vgl. Holehouse 2015, o.S.

[199] Vgl. HM Government 2016b, S. 109.

[200] Vgl. Europäische Kommission 2017a, o.S.

[201] Vgl. Kierzenkowski et al. 2016, S. 17.

[202] Vgl. Booth et al. 2015, S. 8.

[203] Vgl. Wohlgemuth et al. 2016, S. 14.

stimmen und auch in anderen Mitgliedsstaaten nimmt die EU-Ablehnung zu.[204] Aus ökonomischer Perspektive wäre es sowohl für die EU als auch für das UK von Nachteil, den Freihandel untereinander einzuschränken. Aus politischer Perspektive ergibt sich jedoch ein anderes Bild. Es wird befürchtet, dass andere Länder dem Beispiel des UK folgen könnten, sollte sich herausstellen, dass ein Austritt nur geringe wirtschaftliche Nachteile, dafür aber einen umfassenden Gewinn an Souveränität mit sich bringt.[205] Insgesamt ist es folglich ungewiss, ob das UK so gute Bedingungen aushandeln kann, wie es vor dem Brexit in der EU genoss. Um den aktuellen Marktzugang zu wichtigen Handelspartnern möglichst beizubehalten, müssten die neuen Freihandelsabkommen des UK aber von ähnlicher Qualität sein wie diejenigen der EU, was als unwahrscheinlich erachtet werden kann.[206] Wägt man den einseitigen Abbau von Handelsbeschränkungen und den Abschluss neuer Freihandelsabkommen gegeneinander ab, ist die aus politischer und ökonomischer Sicht am ehesten realisierbare Möglichkeit, zunächst Freihandelsabkommen mit der EU und anderen wichtigen Handelspartnern abzuschließen, um den Zugang zu Schlüsselmärkten zu sichern, und erst daraufhin, wenn überhaupt, einseitig die Handelsbarrieren abzubauen.[207]

3.5 Zusammenfassung

Mit der Schaffung des Binnenmarkts, innerhalb dessen Waren und Dienstleistungen frei zwischen den Mitgliedsländern gehandelt werden können, sowie durch die Harmonisierung der Regulierung und den Abschluss diverser Freihandelsabkommen, hat die EU einen wesentlichen Beitrag zur Förderung des Außenhandels des UK geleistet. Mit dem Austritt des Vereinigten Königreichs aus der Europäischen Union riskiert das Land eine Belegung mit Zöllen und die Auferlegung von Grenz- sowie Ursprungskontrollen bei Geschäften mit seinem wichtigsten Handelspartner, sowie den Verlust des EU-Bankenpasses. Die dadurch steigenden Handelskosten und als Konsequenz daraus der Ausschluss aus internationalen Wertschöpfungsketten werden den Außenhandel des Vereinigten Königreichs mit großer Wahrscheinlichkeit negativ beeinflussen. Dies wird das UK durch den Abschluss neuer Freihandelsabkommen zu dämpfen versuchen. Eine bedeutende

---

[204] Vgl. Ipsos Mori 2017, o.S.
[205] Vgl. Wohlgemuth et al. 2016, S. 14.
[206] Vgl. HM Government 2016b, S. 108–109.
[207] Vgl. Booth et al. 2015, S. 86.

Rolle spielt entsprechend das ab dem tatsächlichen Austritt im März 2019 bestehende Verhältnis zwischen der Union und dem UK. Mögliche Szenarien hierzu werden im folgenden Kapitel vorgestellt.

4 Hauptszenarien zum künftigen Verhältnis zwischen UK und EU

Die möglichen Szenarien für das handelspolitische Verhältnis zwischen dem UK und der EU nach dem Brexit reichen von anhaltend intensiver Handelsintegration bis zur völligen Isolation des Vereinigten Königreichs. Selbst unter Brexit-Befürwortern herrscht keine Einigkeit darüber, welches Verhältnis zur EU angestrebt werden soll.[208] Im Folgenden werden drei der am häufigsten analysierten Szenarien für das künftige EU-UK-Verhältnis, nämlich das Norwegen-, Schweiz- und WTO-Modell vorgestellt und bzgl. ihrer Eignung für das UK geprüft.[209] Es gibt zwar weitere bekannte Szenarien, wie z.B. das Zollunion-Modell der Türkei[210], die vorliegende Arbeit beschränkt sich jedoch auf die geläufigeren Modelle.

4.1 Norwegen-Modell

4.1.1 Das institutionelle Verhältnis: Europäischer Wirtschaftsraum

Im Norwegen-Szenario, auch EWR-Modell genannt, wäre das UK wie Norwegen zwar nicht Mitglied der EU, jedoch des Europäischen Wirtschaftsraums (kurz: EWR), einer vertieften Freihandelszone zwischen EU und EFTA.[211] Diese umfasst die 28 EU-Mitgliedsstaaten, sowie Norwegen, Island und Liechtenstein. Der EWR wurde 1994 geschaffen, um die europäischen Länder, die nicht Mitglieder der EU waren, dennoch in den freien Verkehr von Waren, Dienstleistungen, Personen und Kapital miteinzubeziehen und sie auf einen Beitritt vorzubereiten.[212] Im Fall von Norwegen wurde der Beitritt jedoch wiederholt durch das norwegische Volk abgelehnt, weshalb das Land bis heute kein Mitglied der EU ist.[213] Norwegische Experten attestieren dieser reduzierten Form der europäischen Integration dennoch positive Effekte auf den Arbeits- und Finanzmarkt Norwegens, sowie auf politische Bereiche wie Umwelt und Forschung.[214]

Für eine Mitgliedschaft des UK im EWR wäre zunächst ein Beitritt zur EFTA notwendig und hierfür die einstimmige Zustimmung aller EFTA-Mitglieder, d.h. Nor-

---

[208] Vgl. Kierzenkowski et al. 2016, S. 16.

[209] Vgl. z.B. Ebell und Warren 2016 und HM Government 2016a.

[210] Vgl. z.B. Mansfield 2014; Borhaug et al. 2013.

[211] Vgl. Mansfield 2014, S. 4.

[212] Vgl. HM Government 2016a, S. 17.

[213] Vgl. Campos et al. 2015, S. 3.

[214] Vgl. Etzold 2013, S. 2.

wegens, Liechtensteins, Islands und der Schweiz.[215] Der EWR würde dem UK nahezu vollen Zugang zum EU-Binnenmarkt gewähren. Dieser ist jedoch an verschiedene Bedingungen geknüpft: Zum Beispiel müssten im Gegenzug alle EU-Regulierungen bzgl. freiem Waren-, Dienstleistungs-, Kapital- und Personenverkehr in nationales Recht umgesetzt werden.[216] Diese Regulierungen waren jedoch ein treibendes Argument der Brexit-Befürworter, da sie als zu teuer und zu restriktiv empfunden wurden.[217] Als EWR-Mitglied müsste das UK die Regulierungen umsetzen, hätte jedoch außerhalb der EU keine Mitbestimmungsrechte bei deren Verabschiedung.[218] Experten aus EWR-Staaten haben zwar das Recht darauf, an verschiedenen Komitees der EU teilzunehmen, jedoch nur als Ratgeber ohne Entscheidungsfunktion.[219] Dieses Problem wird in der Literatur weitgehend als ‚regulation without representation' bezeichnet.[220] Norwegen hat diese Souveränitätseinbußen im Tausch gegen den Zugang zum Binnenmarkt auf sich genommen und über 6000 EU-Gesetze übernommen.[221] Für das UK, das es gewohnt ist, innerhalb der EU eine einflussreiche Position innezuhaben, wäre ein derartiger Souveränitätsverlust jedoch nicht leicht hinnehmbar. Es könnte weder die Verabschiedung von Regulierungen verhindern, die der britischen Wirtschaft schaden könnten, noch solche vorantreiben, die es unterstützen würde, beispielsweise zur Liberalisierung des Dienstleistungsverkehrs.[222] Zudem müsste sich das UK finanziell an der Kohäsionspolitik der EU beteiligen, durch die mittels Fonds EU-Mitglieder mit einem BIP unterhalb von 90 Prozent des EU-Durchschnitts gefördert werden.[223] Norwegen leistet mit seinen administrativen Beiträgen und Zahlungen zum EU-Kohäsionsfonds i.H.v. jährlich ca. 350 Millionen Euro sogar den neuntgrößten Netto-Beitrag zum EU-Haushalt.[224]

---

[215] Vgl. EFTA 2017b, o.S.

[216] Vgl. Pain und Young 2004, S. 398.

[217] Vgl. Minford und Shackleton 2016, S. 263–268 oder Congdon 2016, S. 11–12.

[218] Vgl. Dhingra und Sampson 2016, S. 5.

[219] Vgl. EFTA 2017a, o.S.

[220] Vgl. z.B. Pain und Young 2004, S. 398; Springford und Tilford 2014, S. 8; Campos et al. 2014, S. 12.

[221] Vgl. EEA Review Committee 2012, S. 8.

[222] Vgl. Dhingra und Sampson 2016, S. 4.

[223] Vgl. Europäische Kommission 2014, o.S.

[224] Vgl. Etzold 2013, S. 2.

4.1.2 Implikationen für den Außenhandel

Im Gegenzug bietet dieses Modell präferentiellen Zugang zum EU-Binnenmarkt, wenn auch weniger umfangreich als zuvor. Denn das UK wäre nicht mehr Mitglied der Zollunion und die Bereiche Landwirtschaft und Fischerei wären ebenso aus dem Arrangement ausgeschlossen wie Handelspolitik, d.h. die Freihandelsabkommen der EU.[225] Nicht mehr Teil der EU-Zollunion zu sein, würde für das UK die Errichtung von Grenzkontrollen bedeuten.[226] Das heißt, dass der gesamte Warenverkehr zwischen dem UK und der EU Zollabfertigungsprozeduren inkl. Ursprungsregeln unterworfen wäre.[227] Britische Unternehmen müssten im Handel mit der EU nachweisen, dass ihre Produkte entweder innerhalb des EWR produziert wurden, oder dass sie den über 500 produktspezifischen Ursprungsregeln der EU entsprechen. Sie müssten folglich für viele exportierte Güter Formulare einreichen, was zu beträchtlichen Verwaltungsausgaben führen würde.[228] Gerade innerhalb von komplexen grenzüberschreitenden Wertschöpfungsketten wäre es besonders kostentreibend, den Ursprung aller Komponenten bei jedem Grenzübergang darzulegen.[229] Produkte aus dem landwirtschaftlichen Sektor und aus der Fischerei hingegen könnten gar nicht mehr frei mit der EU gehandelt werden. Dabei gingen 2016 62 Prozent der britischen Fischexporte und 73 Prozent der Exporte aus dem Agrar-Sektor in die EU.[230] Diese müssten im Norwegen-Modell künftig verzollt werden.[231]

Hinzu kommt, dass die Freihandelsabkommen der EU mit anderen Märkten im Norwegen-Modell nicht mehr für das UK gelten würden.[232] Hingegen könnte das UK, da es nicht nur EWR- sondern auch EFTA-Mitglied wäre, über die EFTA-Handelsabkommen Zugang zu globalen Märkten erlangen. Es könnte diesen Abkommen aber nicht automatisch beitreten, sondern müsste jedes einzeln neu verhandeln. Innerhalb der EFTA neue Handelsabkommen abzuschließen könnte dem UK die erhoffte Flexibilität bieten, zumal durch die geringere Mitgliederzahl Ab-

---

[225] Vgl. Hefeker 2017, S. 11.

[226] Vgl. Ciuriak et al. 2015, S. 14.

[227] Vgl. Springford und Tilford 2014, S. 8.

[228] Vgl. HM Government 2016a, S. 17.

[229] Vgl. Stewart-Brown und Bungay 2012, S. 1.

[230] Vgl. Office for National Statistics 2017b, o.S.

[231] Vgl. Hefeker 2017, S. 11.

[232] Vgl. Odendahl et al. 2016, S. 43.

kommen schneller erzielt werden könnten. So hat die EFTA beispielsweise Abkommen mit Kanada und Singapur bereits zehn Jahre vor der EU abgeschlossen. Die Qualität der EFTA-Abkommen variiert jedoch stark: Zum einen können EFTA-Länder sehr vorteilhafte Deals aushandeln, da sie nicht als Bedrohung für die Wirtschaft des Partnerlandes wahrgenommen werden. Zum anderen können die Abkommen auch weniger vorteilhaft für die EFTA-Staaten ausfallen, da sie durch ihre geringe Marktgröße weniger zu bieten haben als beispielsweise die EU. Hinzu kommt, dass einige Länder Verhandlungen mit EFTA-Staaten verweigert haben, bevor sie einen Deal mit der EU geschlossen haben.[233] China beispielsweise hat Verhandlungen mit der EFTA abgelehnt und stattdessen bilaterale Verträge mit der Schweiz und Island geschlossen.[234]

Insgesamt könnte das UK folglich zwar eigenständig Handelsabkommen abschließen, dies hinge aber vom Interesse der potentiellen Partner an einer Handelspartnerschaft mit dem UK ab. Das Vereinigte Königreich hätte hier eine geringere Verhandlungsmacht und es gibt keine Garantie, dass es Bedingungen aushandeln kann, die so vorteilhaft für das UK sind wie die aktuellen.[235] Außerdem ist das UK eine viel größere und komplexere Volkswirtschaft als die übrigen EFTA Mitglieder. Verhandlungen zu Handelsabkommen würden dementsprechend länger dauern und dadurch die erhoffte Flexibilität mindern.[236]

4.1.3 Eignung und Umsetzbarkeit

Das Norwegen-Modell bietet weitreichenden Zugang zum EU-Binnenmarkt, zum Großteil ohne Importzölle, dafür jedoch mit Zollabfertigungsverfahren.[237] Für ein Land wie Norwegen, dessen Exporte von wenigen Produktkategorien dominiert sind, kann dies eine vorteilhafte Option sein.[238] 2016 beispielsweise waren ca. 53 Prozent der norwegischen Exporte Öl oder Gas, die nächstgrößere Produktgruppe war mit einem Anteil am Exportvolumen in Höhe von ca. 12 Prozent Fisch.[239] Wie in Kapitel 3.1 bereits gezeigt wurde, ist die Exportwirtschaft des UK jedoch deut-

---

[233] Vgl. Borhaug et al. 2013, S. 141.
[234] Vgl. HM Government 2016a, S. 18.
[235] Vgl. Odendahl et al. 2016, S. 53–54.
[236] Vgl. Borhaug et al. 2013, S. 141.
[237] Vgl. Ebell und Warren 2016, S. 124.
[238] Vgl. HM Government 2016a, S. 20.
[239] Vgl. United Nations 2017, o.S.

lich vielschichtiger und folglich die EWR-Option weniger vorteilhaft.[240] Norwegische Unternehmen klagen zudem über den Außenseiterstatus im Vergleich zu EU-Ländern, die als bessere Standorte bevorzugt werden, auch wenn EU und EWR theoretisch den gleichen Marktzugang ermöglichen.[241] Des Weiteren müssten die meisten EU-Regulierungen übernommen werden, ohne diese mitbestimmen zu können. Europagegner, die unter dem Slogan *Let's take back control* weniger Einfluss aus Brüssel und weniger Regulierungen durch die EU forderten, würden bei diesem Modell folglich enttäuscht.[242] Gleiches gilt für die Brexit-Befürworter, die die hohen Beiträge zum EU-Budget angeprangert hatten[243], denn den Zugang zum Binnenmarkt gibt es nur, wenn sich ein Land an der EU-Kohäsionspolitik beteiligt.[244]

4.2 Schweiz-Modell

4.2.1 Das institutionelle Verhältnis: Bilaterale Abkommen

Eine weitere Option für das UK wäre, seine Beziehungen zur EU durch bilaterale Abkommen nach dem Schweizer Modell aufrechtzuerhalten.[245] Anders als Norwegen ist die Schweiz nicht Mitglied des EWR. Damit würde dieses Szenario in etwa der Forderung von Mansfield (2014) entsprechen, der in seiner mit dem Brexit-Preis ausgezeichneten Analyse verlangt, dass das UK nach einem Brexit nicht das Norwegen-Modell einschlagen, sondern den Europäischen Wirtschaftsraum verlassen sollte.[246]

Um trotz Nicht-Mitgliedschaft einen möglichst barrierefreien Zugang zum EU-Binnenmarkt für wichtige Wirtschaftszweige der Schweiz zu sichern, nahm das Land 1993 sektorielle Verhandlungen mit der EU auf.[247] Diese mündeten in sieben bilaterale Abkommen, die 1999 unterzeichnet wurden und 2002 in Kraft traten. Die Abkommen dieser sogenannten Bilateralen I sind klassische Marktöffnungs-

---

[240] Vgl. Ciuriak et al. 2015, S. 36.

[241] Vgl. Buchan 2012, S. 4.

[242] Vgl. Niedermeier und Ridder 2017, S. 27.

[243] Vgl. z.B. Lightfoot 2016, o.S.

[244] Vgl. Etzold 2013, S. 2.

[245] Vgl. House of Commons 2013b, S. 75.

[246] Vgl. Mansfield 2014, S. 9.

[247] Vgl. Aeppli et al. 2008, S. 7.

abkommen und betreffen die Personenfreizügigkeit, technische Handelshemmnisse, das öffentliche Beschaffungswesen, Landwirtschaft, Land- und Luftverkehr, sowie Forschung.[248] Die Bilaterale II deckt neben politischen Themen mit der Lebensmittelindustrie, dem Tourismus und dem Finanzplatz weitere Bereiche der wirtschaftlichen Beziehungen zwischen EU und Schweiz ab und ist seit 2008 in Kraft.[249] Aktuell gibt es ca. 120 Abkommen zwischen der Schweiz und der EU.[250] Die Schweiz muss alle EU Regulierungen befolgen, die Bestandteil dieser bilateralen Verträge sind, hat jedoch, ebenso wie Norwegen, keine formale Mitbestimmung bei der EU-Entscheidungsfindung und keine Repräsentation in EU Institutionen.[251] Zudem muss die Schweiz den freien Personenverkehr akzeptieren, dessen Verweigerung mit ein Grund für die Ablehnung des EWR-Beitritts war. Für den Abschluss der Bilateralen I war die Zulassung des freien Personenverkehrs jedoch Voraussetzung, da er von der EU als essentiell für den gemeinsamen Handel erachtet wird.[252]

Wie auch Norwegen leistet die Schweiz einen finanziellen Beitrag zur Kohäsionspolitik der EU.[253] Sie nimmt beispielsweise an Forschungs-und Förderprogrammen der EU teil, muss jedoch bei jedem neuen Programm ihren Beitrag individuell aushandeln, um voll teilnehmen zu können.[254]

4.2.2 Implikationen für den Außenhandel

Der bilaterale Ansatz würde es dem UK ermöglichen, sich wie die Schweiz selbst auszusuchen, in welchen Bereichen es mit der EU kooperieren möchte.[255] Der diskriminierungsfreie Zugang zum Binnenmarkt würde sich dann jedoch auch nur auf die Bereiche, die von bilateralen Verträgen abgedeckt sind, beschränken. Um diesen Zugang sicherzustellen, ist es notwendig, die nationale Gesetzgebung kontinuierlich an sich ändernde Regularien der EU anzupassen.[256] Ginge es dem

---

248 Vgl. Schweizerische Eidgenossenschaft 2018a, o.S.

249 Vgl. Schweizerische Eidgenossenschaft 2018b, o.S.

250 Vgl. Tobler et al. 2010, S. 36.

251 Vgl. ebd., S.11.

252 Vgl. Borhaug et al. 2013, S. 146.

253 Vgl. Breuss 2005, S. 684.

254 Vgl. ebd., S. 698.

255 Vgl. Dhingra und Sampson 2016, S. 6.

256 Vgl. Etzold 2013, S. 2.

UK ähnlich wie der Schweiz, würde es jedoch nicht über Änderungen der EU-Gesetzgebung informiert, selbst wenn sie Bereiche beträfen, die Bestandteil der bilateralen Verträge sind. Wird zu spät auf rechtliche Entwicklungen der EU reagiert, könnte dies sowohl nicht-tarifäre Handelshemmnisse als auch die Diskriminierung der beteiligten Akteure zur Folge haben.[257] Zudem müssen Schweizer Exporteure zwar EU Standards erfüllen, wenn sie in die EU liefern, diese Standards gelten jedoch nicht für die Schweizer Binnenwirtschaft und Exporte in Nicht-EU-Länder. Alternativ könnte sich das UK deshalb für zwei separate Regulierungsrahmen entscheiden, einen für Produkte, die für das Inland produziert werden und einen für die Produkte, die in die EU exportiert werden. Diese Option wäre für britische Unternehmen jedoch sehr aufwendig und unvorteilhaft.[258]

Die Abkommen mit der Schweiz schließen außerdem einige Wirtschaftssektoren aus, darunter die für das UK besonders bedeutenden Dienstleistungen.[259] Ohne ein umfassendes Abkommen über den Dienstleistungsverkehr würden die Vorteile aus dem EU-Bankenpass ebenso wenig für die Finanzinstitute des UK gelten wie für Schweizer Banken.[260] Gerade die immer strenger werdenden EU-Finanzmarktregulierungen machen den Zugang zum Binnenmarkt für Finanzdienstleistungen nach und nach komplexer. Eine Folge daraus ist, dass viele Schweizer Finanzinstitute den Europäischen Markt über Zweigstellen von London aus bedienen.[261] Die britischen Firmen müssten folglich in der Schweiz-Option ebenfalls Zweigstellen in EU-Ländern errichten, um den EU-Bankenpass zu erhalten.[262]

Ebenso wie im Norwegen-Modell, würden durch den Austritt aus der Zollunion neue Handelskosten durch Zollabfertigungsprozeduren und Ursprungsregeln entstehen.[263] Und auch in diesem Modell würde das UK die Mitgliedschaft in den EU-Freihandelsabkommen verlieren und müsste diese selbst neu verhandeln. Das UK könnte selbst Handelsabkommen abschließen, kann aber auch über die EFTA verhandeln lassen, da diese eine größere Verhandlungsmacht haben. Die Schweiz

---

[257] Vgl. Schweizerische Eidgenossenschaft 2013, S. 2.

[258] Vgl. Borhaug et al. 2013, S. 144–145.

[259] Vgl. Buchan 2012, S. 5.

[260] Vgl. HM Government 2016a, S. 26.

[261] Vgl. Booth et al. 2015, S. 58.

[262] Vgl. Buchan 2012, S. 5.

[263] Vgl. Booth et al. 2015, S. 82.

beispielsweise hat eigene Handelsabkommen unter anderem mit Japan und China. Jedoch sind diese Abkommen in ihrer Qualität stark unterschiedlich, welche davon abhängt, wie viele Bereiche diese umfassen und wie tief sie gehen.[264] Eine KPMG-Studie beispielsweise untersuchte die Abkommen und gab an, dass chinesische Importeure deutlich mehr Marktzugang in die Schweiz erhalten als umgekehrt.[265] Dieses Beispiel zeigt, dass die Möglichkeit, frei und unabhängig Handelsabkommen abzuschließen nicht bedeutet, dass das Ergebnis automatisch im Interesse des UK sein wird.

4.2.2.1 Eignung und Umsetzbarkeit

Bezüglich der Eignung dieses Szenarios für das Vereinigte Königreich argumentieren Befürworter, dass das UK sich die Bereiche, bei denen es mit der EU zusammenarbeiten möchte, selbst aussuchen könnte, dabei aber weniger Kosten hätte und nur bedingt Regulierungen aus Brüssel befolgen müsste. Dennoch müsste es beispielsweise dem freien Personenverkehr zustimmen.[266] Dies wäre zwar für die britische Wirtschaft von Vorteil, würde aber diejenigen enttäuschen, die für den Brexit gestimmt haben, um die Zuwanderung zu begrenzen.[267] Zudem gibt es keine Garantie, dass das UK für alle wichtigen Sektoren Vereinbarungen nach Schweizer Vorbild erzielen könnte, zumal letzteres bei den EU-Mitgliedsstaaten aufgrund der komplexen und langwierigen Verhandlungen wenig Beliebtheit genießt. Die EU wäre entsprechend wenig daran interessiert, dieses Verfahren mit dem UK zu wiederholen.[268] Selbst wenn die EU diesem Vorgehen zustimmen sollte, zeigt ein Blick auf die Dauer bis zur Umsetzung der Abkommen – die Verhandlungen zur Bilaterale I dauerten sechs Jahre und sie trat erst drei Jahre später in Kraft – dass den Unternehmen des UK auch im Schweiz-Modell eine mehrjährige Periode der Unsicherheit bevorstände, die sich negativ auf den Außenhandel auswirken würde.[269] Für eine Übersicht des Zeitaufwands für die wichtigsten Abkommen zwischen Schweiz und EU, siehe Anhang 4. Bilaterale Handelsabkommen bieten zwar insgesamt oft präferentiellen Marktzugang

---

[264] Vgl. Borhaug et al. 2013, S. 145.

[265] Vgl. KPMG 2013, o.S.

[266] Vgl. Dhingra und Sampson 2016, S. 6.

[267] Vgl. z.B. Economists for Brexit 2016, S. 5.

[268] Vgl. House of Commons 2013b, S. 76.

[269] Vgl. Borhaug et al. 2013, S. 147.

und zollfreien Handel, gehen jedoch selten weit genug, eine Mitgliedschaft in der EU Zollunion oder auch nicht-tarifäre Handelshemmnisse abzudecken.[270] Schlussendlich würde das UK wohl ein gewisses Set an Regulierungen akzeptieren müssen, die in Zusammenhang mit dem Binnenmarkt stehen, um Marktzugang zu erhalten. Die Schweiz-Option wäre für den Außenhandel des UK in der Folge unter Umständen mit mehr Nachteilen behaftet als die Norwegen-Option, da letztere zumindest die Möglichkeit bietet, Vorschläge bei der EU-Politik einfließen zu lassen.[271] Die wirtschaftliche Integration zwischen UK und EU ist im Schweiz-Modell geringer als im Norwegen-Modell und würde nach dem Brexit höhere Handelskosten verursachen und damit den Außenhandel negativ beeinträchtigen.[272] In seiner Rede über die EU im Januar 2013 wies der damalige britische Premierminister Cameron dennoch beide Optionen explizit zurück.[273]

4.3 WTO-Modell

4.3.1 Das institutionelle Verhältnis: Alleingang des UK

Das dritte zu nennende Szenario für das künftige Verhältnis zwischen UK und EU ist das WTO-Modell, welches auch als Isolations-Modell bezeichnet wird.[274] Dieses Szenario tritt zudem automatisch ein, sollte das UK bis zum tatsächlichen Austritt aus der EU kein neues Abkommen mit der EU geschlossen haben. Auch hier ist eine neue Aushandlung der Mitgliedschaftsbedingungen nötig, da das UK nicht einfach die Konditionen der EU übernehmen kann.[275] Das WTO-Modell gilt als weitreichendste Abkehr des UK von der EU, bei der zwar kein präferentieller Zugang zum Binnenmarkt gewährt wird, jedoch auch keinerlei politische Kooperation angestrebt wird, kein freier Personenverkehr akzeptiert werden muss und keine finanziellen Beiträge an die EU gezahlt werden.[276] Die Welthandelsorganisation befasst sich ausschließlich mit internationalem Handel und beinhaltet kei-

---

[270] Vgl. HM Government 2016a, S.13.
[271] Vgl. Springford und Tilford 2014, S. 9.
[272] Vgl. Dhingra und Sampson 2016, S. 6.
[273] Vgl. Cameron 2013, o.S.
[274] Vgl. Aichele und Felbermayr 2015, S. 38.
[275] Vgl. Busch und Matthes 2016a, S. 23.
[276] Vgl. Wohlgemuth et al. 2016, S. 14.

nerlei Zusammenarbeit in Politik, Anti-Terror-und Sicherheits-Maßnahmen oder Außenpolitik, wie es die EU tut.[277]

4.3.2 Implikationen für den Außenhandel

Das UK hätte im WTO-Modell einen deutlich geringeren Zugang zum EU-Binnenmarkt. Wie bereits dargelegt, muss innerhalb der WTO jedes Mitglied allen anderen WTO-Staaten nach dem Meistbegünstigungsprinzip den gleichen Marktzugang gewähren. Von diesem Prinzip ausgenommen sind lediglich Länder, zwischen denen präferentielle Handelsabkommen bestehen.[278] Ohne ein präferentielles Handelsabkommen hätte das UK keinen Einfluss auf die Importzölle der EU und würde entsprechend mit deren MFN-Zöllen belegt, die für alle 164 WTO-Mitglieder gelten.[279] Verglichen mit dem Norwegen- und Schweiz-Modell würden dadurch die Handelskosten für britische Exporteure deutlich stärker steigen.[280] Wie bereits gezeigt wurde, liegt der durchschnittliche MFN-Zollsatz der EU bei ca. vier Prozent, ist jedoch bei Schlüsselsektoren, wie dem Kfz-Bereich mit ca. zehn Prozent immer noch sehr hoch. Dies würde dazu führen, dass Hersteller aus dem UK, deren Produkte mit hohen EU-Zöllen belegt sind, gegenüber ihren Wettbewerbern aus der EU benachteiligt wären.[281] Das UK wiederum könnte die Höhe der eigenen MFN-Zölle, die u.a. gegenüber der EU gelten würden, selbst festlegen. Es wird als wahrscheinlich angesehen, dass es den MFN-Zollsatz unter dem EU-Level ansetzen wird, um die Kosten für britische Konsumenten und Unternehmen gering zu halten und die Wettbewerbsfähigkeit der Firmen im UK zu steigern. Da der EU-MFN-Zoll ohnehin relativ niedrig ist, hat das UK hier hingegen nur wenig Spielraum. Auch die Senkung nicht-tarifärer Handelshemmnisse wird sich als problematisch herausstellen, da diese meist mit gemeinsamen Regulierungen oder Produktstandards einhergehen, die ein gewisses Maß an politischer Integration erfordern.[282]

Auch der Dienstleistungsverkehr würde WTO Regulierungen unterliegen. Bislang hat die Welthandelsorganisation im Vergleich zur EU jedoch nur wenige Anstren-

---

[277] Vgl. HM Government 2016a, S. 37.

[278] Vgl. Aichele und Felbermayr 2015, S. 21.

[279] Vgl. WTO 2016a, o.S.

[280] Vgl. Dhingra et al. 2016a, S. 4.

[281] Vgl. Aichele und Felbermayr 2015, S. 8.

[282] Vgl. Dhingra und Sampson 2016, S. 8.

gungen für dessen Liberalisierung unternommen.[283] Der Dienstleistungshandel mit der EU würde fortan vom General Agreement on Trade in Services (kurz: GATS) bestimmt, einem multilateralen Handelsabkommen, welches den grenzüberschreitenden Handel mit Dienstleistungen regelt und den Zugang zum Binnenmarkt für britische Dienstleister stark einschränken würde. Dies liegt bspw. daran, dass das GATS keinen freien Personenverkehr und kein automatisches Niederlassungsrecht in den Mitgliedsstaaten vorsieht, und die EU Sektoren wie Finanzdienstleistungen und Transport mit weitreichenderen Regulierungen belegt als das GATS.[284] Dies würde britische Personen und Unternehmen im Handel mit EU-Staaten stark einschränken.[285] Busch und Matthes werfen dem GATS zudem vor, „mehr Raum für Protektionismus und diskriminierende Behandlung von ausländischen Anbietern [zuzulassen], als im Binnenmarkt zulässig ist."[286] Es ist allerdings möglich, dass auch auf WTO-Ebene künftig die Bestrebungen zur Liberalisierung des Dienstleistungshandels zunehmen werden. So gibt es seit 2013 die sogenannte Really-Good-Friends-of-Services-Initiative, der die EU und über 20 WTO-Mitglieder angehören.[287] Das UK könnte sich bemühen, an dieser Initiative teilzunehmen, um selbst im WTO-Modell freieren Dienstleistungshandel mit der EU und anderen Mitgliedern der Welthandelsorganisation zu erreichen.[288]

Da das UK im WTO-Szenario nicht mehr verpflichtet wäre, die Regularien der EU anzuwenden, würde es des Weiteren durch regulatorische Abweichungen zu einem stärkeren Anstieg der nicht-tarifären Handelshemmnisse kommen.[289] Wollen britische Unternehmen Handel mit der EU treiben, werden sie jedoch die EU-Regeln für ihre Dienstleistungen und Produkte anwenden müssen.[290] Gerade kleine und mittelständische Unternehmen könnte die Wahl zwischen einfacheren inländischen Regeln und komplexeren und umfangreicheren EU-Vorgaben dazu veranlassen, womöglich nicht mehr in die EU zu exportieren.[291]

---

[283] Vgl. Odendahl et al. 2016, S. 43.

[284] Vgl. Booth et al. 2015, S. 62.

[285] Vgl. Busch und Matthes 2016a, S. 23.

[286] Busch und Matthes 2016a, S. 8.

[287] Vgl. Europäische Kommission 2013, o.S.

[288] Vgl. Booth et al. 2015, S. 63.

[289] Vgl. PriceWaterhouseCoopers 2016, S. 6.

[290] Vgl. HM Government 2016a, S. 37.

[291] Vgl. Borhaug et al. 2013, S. 138.

4.3.3 Eignung und Umsetzbarkeit

Befürworter des WTO-Modells argumentierten vor dem Referendum, dass seine wirtschaftliche Stärke und globale Macht es dem UK ermöglichen würden, seinen Weg alleine zu gehen. Sie führten an, dass das Vereinigte Königreich, wenn es nur von der WTO abhinge, flexibler wäre im Handel mit beliebigen Handelspartnern, ohne die regulatorische Last der EU.[292] Dies würde es dem UK ermöglichen, seinen Handel von der EU weg hin zu Wachstumsmärkten und zu Commonwealth-Verbindungen zurück zu fokussieren.[293] Zudem könnte das WTO-Modell laut seinen Unterstützern dem Finanzplatz London nützen, denn die Befreiung des Finanzsektors von den EU-Regulierungen würde dem UK eine stärkere Basis geben, ein Hub für Mittel- und Fernost-, und aufstrebende Märkte zu werden.[294] Dem entgegen steht die Tatsache, dass die EU dem UK ohne jegliches Freihandelsabkommen gemäß Meistbegünstigungsprinzip keine niedrigeren Zollsätze gewähren könnte als anderen WTO Staaten.[295] Durch Zölle auf Importe in das UK würden diese teurer. Dadurch würden vor allem Industrien benachteiligt und weniger wettbewerbsfähig, die aktuell von zollfreien Importen aus der EU abhängen. Selbst wenn sich das UK entschließt, die eigenen Zollsätze im Rahmen von Handelsabkommen zu senken, würde die britische Wirtschaft in der kurzen Frist unter den Zöllen leiden. Gerade für den britischen Dienstleistungssektor bringt das WTO-Modell beträchtliche Nachteile, wenn von einem einfachen und diskriminierungsfreien Zugang zur EU zu starken Einschränkungen unter dem GATS übergegangen werden müsste.[296] Insgesamt würde dieses Szenario folglich mehr Freiheiten in Bezug auf Regulatorik und EU-Beiträgen mit sich bringen, den britischen Außenhandel jedoch so weit einschränken, dass weitreichende negative Folgen für die britische Wirtschaft zu erwarten wären.

4.4 Quantifizierung der Szenarien in Studien

Mit der Vorstellung der drei Szenarien konnte gezeigt werden, dass die Folgen des Brexit auf den Außenhandel sehr unterschiedlich ausfallen können. Entsprechend

---

[292] Vgl. Economists for Brexit 2016, S. 5.
[293] Vgl. Lyons und Garrott 2014, S. 101.
[294] Vgl. Borhaug et al. 2013, S. 134.
[295] Vgl. House of Commons 2013a, S. 27.
[296] Vgl. HM Government 2016a, S. 38.

ist auch eine quantitative Einschätzung dieser Folgen schwierig und mit einer großen Unsicherheit verbunden.[297] Dennoch haben sich einige Studien daran versucht, vor dem Referendum am 23. Juni 2016 mögliche wirtschaftliche Auswirkungen eines Brexit in verschiedenen Szenarien zu quantifizieren. Die Ergebnisse zur Entwicklung des BIP variieren stark und reichen von bedeutendem Wachstum hin zu beträchtlichen Verlusten. Die Ursache hierfür liegt in verschiedenen angewandten Methoden und Annahmen.[298] Die Auswirkungen des Brexit allein auf den Außenhandel des UK wurden vor dem Referendum jedoch deutlich seltener anhand von Zahlen prognostiziert. Diejenigen Studien, die sich explizit mit quantitativen Auswertungen zum Einfluss des Brexit auf den britischen Außenhandel befasst haben, sind sich allerdings einig: Es wird mit einem meist deutlichen Rückgang des Außenhandels gerechnet. Ein Grund für diese Einigkeit könnte die Verwendung ähnlicher Modelle und Annahmen sein.[299] Die wichtigsten Studien und deren Ergebnisse werden im Folgenden kurz dargestellt. Es werden jedoch nur Studien einbezogen, die explizit auf die Auswirkungen auf den Handel eingehen und nicht nur die Entwicklung des Bruttoinlandsprodukts des UK betrachten, d.h. wichtige Brexit-Analysen wie z.B. durch Booth et. al (2015) und Mansfield (2014) werden an dieser Stelle nicht berücksichtigt.

4.4.1 Ebell und Warren (2016)

Ebell und Warren (2016) vom National Institute of Economic and Social Research (kurz: NIESR) haben versucht, die langfristigen Auswirkungen des Brexit anhand von drei Kanälen zu quantifizieren, zu denen neben den Nettobeiträgen zum EU-Haushalt und den Direktinvestitionen auch die Abnahme des Außenhandels zählt. Die Autoren leiten ihre Annahmen aus der akademischen Literatur ab und setzen sie in NIGEM, das National Institute Global Econometric Model ein, mit welchem sich Prognosen für die Entwicklung des Handels von mehreren Ländern berechnen lassen. Im Gegensatz zur HM Government (2016) Analyse und einer Studie von Kierzenkowski et al. (2016) für die OECD, die ebenfalls das NIGEM Modell verwenden, beziehen Ebell und Warren (2016) den Einfluss von Handelsoffenheit

---

[297] Vgl. Niedermeier und Ridder 2017, S. 38.
[298] Vgl. Busch und Matthes 2016a, S. 66.
[299] Vgl. Ebell und Warren 2016, S. 134.

auf Produktivität nicht mit ein, sondern wollen sich auf die am besten verstandenen Einflussfaktoren auf Handel beschränken.[300]

Land	Szenario	2016	2017	2018	2019	2020	2025	2030
Norwegen	Optimistisch	-0,5	-7,1	-11,0	-12,4	-12,2	-11,0	-10,5
	Pessimistisch	-0,5	-8,1	-15,1	-17,9	-17,9	-17,1	-16,5
Schweiz	Optimistisch	-0,5	-7,6	-13,0	-15,1	-15,0	-13,9	-13,3
	Pessimistisch	-0,5	-8,4	-15,9	-19,0	-19,1	-18,2	-17,5
WTO	Optimistisch	-0,5	-9,0	-18,1	-22,0	-22,2	-21,3	-20,7
	Pessimistisch	-0,5	-10,6	-24,1	-30,2	-30,7	-30,0	-29,2

Tabelle 5 Änderung des Außenhandelsvolumens in Prozent bis 2030 nach Ebell und Warren (2016)
Eigene Darstellung in Anlehnung an *Ebell und Warren 2016, S. 130–132.*

Tabelle 5 stellt die anhand des NIGEM Modells berechneten langfristigen Auswirkungen des Brexit auf den Außenhandel des UK im Vergleich zum Basiswert, d.h. dem Verbleiben in der EU, dar. Die Option mit den geringsten Einschnitten ist das Norwegen-Modell, doch selbst hier wird in einem optimistischen Szenario bis 2030 ein Rückgang des Außenhandels des UK um 10,5 Prozent ermittelt. Im Schweizer Szenario wird vor allem durch den Verlust des Bankenpasses mit Einbußen beim Handel zwischen 13,3 und 17,5 Prozent bis 2030 gerechnet. Für das WTO-Modell, in dem es keinerlei Freihandel mehr zwischen UK und EU gäbe, würde der Außenhandel des UK langfristig sogar um 20,7 bis 29,2 Prozent sinken.[301]

In ihren Berechnungen befassen sich die Autoren auch mit der Frage, inwiefern die in Tabelle 5 dargestellten Rückgänge des britischen Exportvolumens durch eine Abwertung des Britischen Pfunds kompensiert werden könnten. Nach Ebell und Warren würde ein Rückgang der Nachfrage nach Exporten aus dem UK durch den geringeren Marktzugang zur EU dazu führen, dass der Britische Pfund abwertet. In der Folge würden die Exportpreise sinken und die Exportnachfrage wieder

---

[300] Vgl. Ebell und Warren 2016, S. 121-123.
[301] Vgl. Ebell und Warren 2016, S. 129-132.

steigen. Eine Abwertung des Pfunds hätte folglich eine dämpfende Wirkung auf den Rückgang der Exporte. So wird z.B. für das WTO-Szenario eine Verschlechterung der Wechselkurse von 16,1 bis 24,0 Prozent prognostiziert, welche zu einem Anstieg des Exportvolumens i.H.v. 1,6 bis 2,4 Prozent führen würde. Dem steht jedoch eine Abnahme der Exporte zwischen 20,7 und 29,3 Prozent durch den Verlust des Marktzugangs zur EU gegenüber. Wechselkursänderungen sprechen die Autoren entsprechend nur eine geringe Bedeutung zu.[302]

In Bezug auf die Qualität ihrer Analysen merken Ebell und Warren an, dass sich die verwendeten Studien auf den Fall beziehen, dass Länder Freihandelsabkommen beitreten und nicht auf den Fall, dass sie austreten. Sie werfen die Frage auf, ob der Anstieg des Handelsvolumens beim Beitritt zu einer Freihandelszone größer oder kleiner ist, als der Rückgang des Handels beim Austritt aus einem Abkommen. Da es hierzu bisher kaum empirische Studien gibt, mahnen sie zur Vorsicht bei der Annahme, dass die Auswirkungen auf den Handel bei Ein- und Austritt aus Handelsabkommen symmetrisch seien. Zudem weisen die Autoren darauf hin, dass es noch mehr als die berücksichtigten Risiken gibt. So könnte z.B. eine mögliche Abspaltung Schottlands vom Vereinigten Königreich zu noch größeren Störungen in der britischen Wirtschaft führen, als ohnehin schon zu erwarten sind.[303]

4.4.2 Kierzenkowski et al. (2016)

Ebenso wie Ebell und Warren verwenden auch die Autoren der 2016 veröffentlichten OECD-Studie zu den wirtschaftlichen Auswirkungen des Brexit das NI-GEM-Modell für ihre Analysen. Anders als Ebell und Warren berücksichtigen Kierzenkowski et al. (2016) in ihrer Studie auch negative Auswirkungen eines Brexit auf die Produktivität der britischen Unternehmen, die aus weniger Handelsoffenheit, weniger Direktinvestitionen und Deregulierung hervorgehen. In der kurzen Frist rechnen die Autoren mit einem Rückgang der Exporte des UK zwischen 6,4 und 8,1 Prozent. Sie weisen darauf hin, dass vor allem im Handel von Zwischenprodukten mit negativen Auswirkungen zu rechnen sei, da die engen Wertschöpfungsketten zwischen EU und UK, die von leichter Grenzüberquerung

---

[302] Vgl. ebd., S. 133.
[303] Vgl. Ebell und Warren 2016, S. 125, 135.

von Zwischenprodukten und Komponenten zum nächsten Produktionsschritt in einem anderen Land abhängen, stark beeinträchtigt würden.[304]

Wie Tabelle 6 zeigt, rechnen Kierzenkowski et al. (2016) langfristig sogar mit noch höheren Einschnitten beim Außenhandel. Sie schätzen den Rückgang des Außenhandels des UK auf ca. zehn Prozent in einem optimistischen Szenario, auf ca. 15 Prozent in einem zentralen Szenario und auf ca. 20 Prozent in einem pessimistischen Szenario. Insgesamt liegen ihre Schätzungen damit nahe an denen von Ebell und Warren.[305]

Szenario	Rückgang des Handels in Prozent
Optimistisch	-10
Zentral	-15
Pessimistisch	-20

Tabelle 6 Langfristige Auswirkungen des Brexit auf den britischen Außenhandel nach Kierzenkowski et al. (2016)
Eigene Darstellung in Anlehnung an *Kierzenkowski et al. 2016, S. 31.*

4.4.3 HM Government (2016)

Auch die Ergebnisse der vom britischen Finanzamt veröffentlichten Analyse bewegen sich in einer ähnlichen Bandbreite wie die Schätzungen von Ebell und Warren (2016) und Kierzenkowski et al. (2016). Die Autoren berechnen den Rückgang des Außenhandels innerhalb verschiedener Szenarien mit einem eigenen Gravitationsmodell.[306] Sie verwenden einen Zeithorizont von 15 Jahren, da sie davon ausgehen, dass bis dahin das künftige Verhältnis zwischen EU und UK geklärt sein wird und sich die Wirtschaft an die neue Situation angepasst haben wird.[307] Im Norwegen-Modell wird ein langfristiger Rückgang des Außenhandelsvolumens des UK in Höhe von neun Prozent berechnet, während in einem Szenario, in dem ein Freihandelsabkommen mit der EU geschlossen wird, mit einer Abnahme zwischen 14 und 19 Prozent gerechnet wird. Für das WTO-Szenario kommen die Autoren zu dem Ergebnis, dass der Außenhandel des UK um 17 bis 24

---

[304] Vgl. Kierzenkowski et al. 2016, S. 19–21.
[305] Vgl. ebd., S. 31.
[306] Vgl. HM Government 2016b, S. 126–127.
[307] Vgl. ebd., S. 123.

Prozent sinken könnte.[308] Die Analyse wurde zwar zum Teil dafür kritisiert, die negativen Auswirkungen des Brexit weitaus zu überschätzen. Andere Ökonomen hingegen, die sich ebenfalls intensiv mit dem Brexit auseinander gesetzt haben, erachten die Analyse und die zugrundeliegenden Annahmen als durchaus realistisch, bzw. sogar als zu vorsichtig.[309]

4.4.4 Ottaviano et al. (2014) & Aichele und Felbermayr (2015)

Ottaviano et al. (2014) haben sich vor dem Referendum ebenfalls an einer Quantifizierung der Auswirkungen des Brexit versucht, in ihrer Studie aber keine konkreten Ergebnisse bzgl. der Veränderung des Außenhandelsvolumens des UK für mehrere Szenarien veröffentlicht. Sie liefern dennoch folgende interessante Resultate: Auf Basis des Gravitationsmodells von Costinot und Rodríguez-Clare (2013)[310] berechneten sie einen Anstieg der Kosten durch nicht-tarifäre Handelshemmnisse von zwei Prozent in einem optimistischen und von 5,37 Prozent in einem pessimistischen Szenario.[311] Für eine Schätzung der Auswirkungen des Brexit auf den gesamten Außenhandel bedienen sie sich der Ergebnisse von Baier et al. (2008). Aus deren Analysen folgern Ottaviano et al., dass bei einem Austritt aus der EU und einem Beitritt zur EFTA durch das Vereinigte Königreich der Handel mit EU-Ländern um ca. ein Viertel sinken könnte.[312] Bei einem aktuellen Anteil der EU am Außenhandel des UK i.H.v. ungefähr 50,4 Prozent würde ein 25-prozentiger Rückgang des Handelsvolumens entsprechend zu einer Reduktion des gesamten Außenhandelsvolumens des UK um rund 12,6 Prozent führen.[313]

Aichele und Felbermayr (2015) stellen in ihrer Untersuchung wiederum Auswirkungen für drei verschiedene Szenarien vor: den *sanften Ausstieg*, vergleichbar mit dem Norwegen- oder Schweiz-Modell, den *tiefen Schnitt* ohne Freihandelsabkommen mit der EU und *Isolierung des UK*, bei welcher auch der Zugang zu Märkten von Drittstaaten verloren geht. Zur Abschätzung der Auswirkungen des Brexit in den verschiedenen Szenarien verwenden sie das ifo Modell zur Analyse von Handelspolitik, womit jedoch nur statische Effekte berechnet und dynamische

---

[308] Vgl. ebd., S. 128.
[309] Vgl. Dhingra et al. 2016b, S. 5.
[310] Vgl. Costinot und Rodríguez-Clare 2013.
[311] Vgl. Ottaviano et al. 2014, S. 6.
[312] Vgl. ebd., S. 3.
[313] Vgl. ebd., S. 10.

Effekte nicht modelliert werden können. Das ifo-Modell kommt zu dem Ergebnis, dass bei einem sanften Ausstieg der Anteil britischer Ausfuhren, die in die EU exportiert werden, um vier bis sechs Prozentpunkte sinken würde und auch die Importe in ähnlicher Größenordnung abnehmen würden. Bei einer stärkeren Störung der Handelsbeziehungen wird sogar eine Abnahme des Exportanteils von zwölf bis 16 Prozentpunkten und des Importanteils um 14 bis 21 Prozentpunkte geschätzt.[314]

Die Autoren der beiden genannten Studien setzen in ihren Modellen perfekten Wettbewerb und in der Folge die Nullgewinn-Bedingung voraus. In realen Märkten herrscht jedoch selten perfekter Wettbewerb. Dass durch die verstärkte Konkurrenz die Preise zum Wohl der Konsumenten sinken, wird in diesen Studien bewusst vernachlässigt. Auch Skaleneffekte durch größere Märkte, erhöhte Produktvielfalt und die Reallokation zu produktiveren Unternehmen durch Handel wird zum Teil nicht berücksichtigt. Zudem gehen die Studien wenig auf dynamische Effekte von Handel ein und befassen sich nur mit einer einmaligen Änderung des Handelsvolumens.[315] Aichele und Felbermayr merken selbst an, dass sie zwar nur statische Effekte berücksichtigen, aber unter Einbezug dynamischer Effekte mit deutlich stärkeren Auswirkungen durch den Brexit zu rechnen sei. Somit seien ihre Berechnungen und diejenigen von Ottaviano et al. (2014) lediglich als Untergrenze möglicher Effekte zu verstehen.[316]

4.4.5 Exkurs: Felbermayr et al. (2017)

Zuletzt sei noch auf eine Studie des ifo-Instituts München hingewiesen, die zwar im Juni 2017 und damit ein Jahr nach dem Referendum veröffentlicht wurde, aufgrund ihrer detaillierten Analyse der Veränderung der Exporte des UK in die übrigen EU-Länder dennoch in dieser Arbeit berücksichtigt werden sollte. Die Autoren Felbermayr et al. simulieren anhand eines Gravitationsmodells für insgesamt acht verschiedene Szenarien, davon jeweils die Hälfte Soft- bzw. Hard-Brexit-Szenarien, u.a. die möglichen Veränderungen der britischen Exporte in die übrigen Länder der EU. Die Hard-Brexit Szenarien reichen von einem WTO-Modell mit MFN-Zöllen (1a), einem WTO-Modell mit einseitigem Freihandel (1b) und einem

---

[314] Vgl. Aichele und Felbermayr 2015, S. 38–42.

[315] Vgl. Ottaviano et al. 2014, S. 6 und Aichele und Felbermayr 2015, S. 50.

[316] Vgl. Aichele und Felbermayr 2015, S. 52.

Global-Britain-Szenario, bei dem Handelsabkommen mit den USA, Kanada und Japan abgeschlossen werden (1c) bis zur Wiedereinführung von MFN-Zöllen und nicht-tarifären Handelshemmnissen zwischen UK und EU i.H.v. 15 Prozent. Die Soft-Brexit-Szenarien umfassen ein ambitioniertes Freihandelsabkommen mit der EU, ohne Zölle und nicht-tarifäre Handelshemmnisse (2a), eine Annäherung an einen EWR-Status ähnlich dem Norwegen-Modell (2b), ein Freihandelsabkommen mit Zollunion (2c) und ein konservatives Freihandelsabkommen mit der EU, bei welchem es beispielsweise im Dienstleistungsbereich weniger Zugeständnisse gibt (2d).[317]

Importierendes Land	Exporte in Mio. EUR, Ausgangslage	Veränderung der Exporte aus dem UK in die EU27 in Prozent							
		„Hard Brexit"				„Soft Brexit"			
		1a	1b	1c	1d	2a	2b	2c	2d
Deutschland	40.459	-50	-46	-51	-44	-24	-15	-17	-24
Frankreich	35.005	-39	-35	-40	-44	-17	-12	-13	-18
Irland	24.979	-47	-44	-48	-39	-20	-12	-18	-21
Luxemburg	17.880	-22	-18	-24	-43	-6	-6	7	-6

---

[317] Vgl. Felbermayr et al. 2017, S. 63–64.

Importie-rendes Land	Exporte in Mio. EUR, Ausgangs-lage	Veränderung der Exporte aus dem UK in die EU27 in Prozent							
		„Hard Brexit"				„Soft Brexit"			
		1a	1b	1c	1d	2a	2b	2c	2d
Nieder-lande	17.707	-49	-46	-50	-44	-22	-15	-19	-24
Italien	16.376	-45	-41	-46	-43	-19	-15	-13	-21
Belgien	15.841	-43	-39	-44	-47	-16	-13	-8	-17
Spanien	9.744	-50	-46	-51	-44	-23	-14	-14	-26
Schweden	8.818	-44	-40	-45	-46	-18	-12	-7	-19
Dänemark	5.936	-42	-39	-44	-45	-19	-14	-13	-18

Tabelle 7 Veränderung der britischen Exporte in EU27-Länder in Prozent nach Felbermayr et al. (2017)

Eigene Darstellung in Anlehnung an *Felbermayr et al. 2017*, S. 87.

Tabelle 7 zeigt die Simulationsergebnisse in Bezug auf die zehn EU-Länder, die am meisten aus dem UK importieren. Im Vergleich zu den anderen Studien ist anzumerken, dass hier ausschließlich der Handel mit der EU und nicht der gesamte Außenhandel des Vereinigten Königreichs betrachtet wird. Im Vergleich zu den vor dem Referendum veröffentlichten Studien fällt dennoch auf, dass die Simulationen von Felbermayr et al. für das WTO-Modell (1a) mit zum Teil mehr als doppelt so hohen Exportrückgängen von bis zu minus 50 Prozent rechnen. Selbst im Szenario mit einseitigem Freihandel (1b) liegt der Export-Einbruch meistens bei minus 40 Prozent oder mehr. Auch bei den Soft-Brexit Varianten sind die Einbußen im britischen Außenhandel deutlich höher als in älteren Studien: Wurde in den Studien vor dem Referendum für den sanften Ausstieg, ähnlich dem Norwegen-Modell noch mit ca. zehn Prozent weniger britischen Exporten gerechnet, so werden hier für die, dem Norwegen-Modell ähnelnden Szenarien 2b und 2c Export-Einbußen von ca. 15 Prozent kalkuliert.[318]

Auch in dieser Studie werden mangels eines geeigneten Modells keine dynamischen Effekte berücksichtigt. Deshalb betonen die Autoren, dass es sich bei den Ergebnissen lediglich um Untergrenzen für die tatsächlich zu erwartenden Auswirkungen handelt.[319] Doch selbst diese Untergrenzen stehen für deutlich stärke-

---

318 Vgl. Felbermayr et al. 2017, S. 87.

319 Vgl. ebd., S. 18-19.

re Auswirkungen, als vor dem Brexit vermutet wurden. Zudem liefert die Studie Ergebnisse dazu, welche EU-Länder am stärksten unter dem Brexit zu leiden haben werden. Aus der Tabelle geht hervor, dass vor allem die Handelsbeziehungen zu Deutschland, Spanien und den Niederlanden stark beeinträchtigt werden.

4.5 Zusammenfassung

Das vorangegangene Kapitel hat gezeigt, mit welchen der in Kapitel drei vorgestellten Folgen auf den britischen Außenhandel bei verschiedenen Brexit-Szenarien zu rechnen sein könnte. Im Norwegen-Modell hätte das Vereinigte Königreich, ähnlich wie aktuell, nahezu vollständigen Zugang zum Binnenmarkt und könnte von Zollfreiheit und niedrigen nicht-tarifären Handelshemmnissen profitieren. Doch da dennoch Grenzkontrollen durchgeführt werden und die Exportgüter verschiedene Ursprungsregeln erfüllen müssten, rechnen Experten sogar in diesem Szenario mit einem Rückgang des britischen Außenhandels von ca. zehn Prozent. Im Schweiz-Szenario wäre der Zugang zum Binnenmarkt nur in den Sektoren gegeben, für die bilaterale Abkommen ausgehandelt werden, wovon der Dienstleistungshandel wahrscheinlich ausgeschlossen wäre. Durch Zölle und Grenzkontrollen würden von Schnelligkeit abhängende internationale Wertschöpfungsketten durchbrochen und der Außenhandel könnte um ca. 15 Prozent sinken. Die stärksten Auswirkungen drohen hingegen im WTO-Modell. Da das UK hier jeglichen Zugang zum Binnenmarkt und die Teilnahme an allen präferentiellen Handelsabkommen verlieren würde, halten Ökonomen Rückgänge im Außenhandel von teilweise über 20 Prozent für wahrscheinlich. Neuere Analysen, die nach dem Referendum durchgeführt wurden, rechnen sogar mit noch stärkeren Exportrückgängen.

5 Fazit und Ausblick

Die EU-kritische Haltung in Großbritannien hatte ihren Ursprung in der Befürchtung, die britische Identität und die Souveränität des Staates an die EU zu verlieren, durch zu viel Regulierung, zu hohe EU-Beiträge und zu hohe Zuwanderung aus EU-Mitgliedsstaaten.[320] Die Vorzüge der EU-Mitgliedschaft traten in der emotionalen Debatte um den Brexit eher in den Hintergrund. Einer dieser Vorzüge ist die Förderung von Handel. In der vorliegenden Arbeit wurde gezeigt, warum Länder miteinander Handel treiben, und welche Vorteile hierdurch für die teilnehmenden Länder entstehen, beispielsweise in Form höherer Produktivität, niedrigerer Preise und größerer Produktvielfalt für die Konsumenten. Der Abschluss von Freihandelsabkommen, oder der noch weiter gehende wirtschaftliche Zusammenschluss mehrerer Länder zu einem gemeinsamen Markt, wie es im EU-Binnenmarkt der Fall ist, wurde als sinnvoll identifiziert, da hierdurch tarifäre und nicht-tarifäre Handelshemmnisse reduziert werden, und somit der wohlfahrtsfördernde Handel zwischen Partnerländern erleichtert wird. Die handelsfördernden Wirkungen derartiger Maßnahmen konnten mithilfe empirischer Studien nachgewiesen werden.

Mit dem Brexit hat sich das Vereinigte Königreich für mehr Eigenständigkeit und gegen die genannten Vorteile aus der europäischen Integration entschieden. Dies wird weitreichende Folgen für die britische Wirtschaft, insbesondere den britischen Außenhandel haben, wobei die Schwere der Auswirkungen vom künftigen Verhältnis zwischen dem Vereinigten Königreich und der EU abhängt. Die Untersuchung lässt die Vermutung zu, dass der Außenhandel Großbritanniens bei einem harten Brexit, d.h. einem WTO-Szenario am stärksten sinken würde, da hier mit Zöllen, Grenzkontrollen, nicht-tarifären Handelshemmnissen und dem Verlust des Marktzugangs zu Drittstaaten die größten Barrieren auftreten. Doch auch weniger extreme Szenarien, wie das Norwegen- und Schweiz-Modell, in denen der präferentielle Zugang zum Binnenmarkt zumindest teilweise erhalten bliebe, würden den britischen grenzüberschreitenden Handel mit hoher Wahrscheinlichkeit nicht unwesentlich beeinträchtigen.

Knapp anderthalb Jahre nach dem Referendum ist das künftige Verhältnis zwischen dem Vereinigten Königreich und der EU noch ungewiss. Einig sind sich die

---

[320] Vgl. Schoof et al. 2015, S. 2.

Verhandlungspartner lediglich darüber, dass das UK in einer zweijährigen Übergangsphase nach dem offiziellen Austritt im März 2019 zunächst weiterhin Zugang zum Binnenmarkt haben wird.[321] Für die Zeit danach hat der Brexit-Unterhändler der EU-Kommission, Michel Barnier, dieses Zugeständnis und damit das Norwegen-Szenario jedoch explizit ausgeschlossen.[322] Ganz gleich, ob und welches Abkommen das Vereinigte Königreich mit der EU erzielen wird, konnte gezeigt werden, dass hohe Einbußen beim britischen Außenhandel nahezu unvermeidlich sein werden. Die eingangs zitierte Prognose von Maurice Obstfeld, dass ein Brexit zu erheblichen Schäden führen wird, da er traditionelle Handelsbeziehungen unterbricht, ist folglich durchaus realistisch.

---

[321] Vgl. Marquardt 2018, o.S.
[322] Vgl. Sina 2018, o.S.

Literaturverzeichnis

Aeppli, Roland; Altenburg, Marc; Arvanitis, Spyridon; Atukeren, Erdal; Bolli, Thomas (2008): Auswirkungen der bilateralen Abkommen auf die Schweizer Wirtschaft. Konjunkturforschungsstelle. Zürich (KOF Studien, 2).

Aichele, Rahel; Felbermayr, Gabriel (2015): Kosten und Nutzen eines Austritts des Vereinigten Königreichs aus der Europäischen Union. München: Bertelsmann-Stiftung.

Badinger, Harald; Breuss, Fritz (2004): What has determined the rapid post-war growth of intra-EU trade? In: *Review of World Economics* 140 (1), S. 31–51.

Baier, Scott L.; Bergstrand, Jeffrey H.; Egger, Peter; McLaughlin, Patrick A. (2008): Do Economic Integration Agreements Actually Work? Issues in Understanding the Causes and Consequences of the Growth of Regionalism. In: *The World Economy* 31 (4), S. 461–497.

Baldwin, Richard; Seghezza, Elena (1996): Trade-Induced Investment-led Growth. Cambridge: National Bureau of Economic Research.

Baldwin, Richard E. (1994): Towards an Integrated Europe. Washington: Brookings Institution Press.

Booth, Stephen; Howarth, Christopher (2012): Trading places. Is EU membership still the best option for UK trade? London: Open Europe.

Booth, Stephen; Howarth, Christopher; Ruparel, Raoul; Swidlicki, Pawel (2015): What if…? The consequences, challenges & opportunities facing Britain outside EU. London: Open Europe.

Borhaug, Marte; Forth, Andrew; House, Jenny; Lee, Daniel; Leviseur, James; Sallis, Tom (2013): Our Global Future. The Business Vision For A Reformed EU. o.O.: Confederation of British Industries.

Brasche, Ulrich (2013): Europäische Integration. Wirtschaft, Erweiterung und regionale Effekte. 3. Aufl. München: Oldenbourg Wissenschaftsverlag.

Breinlich, Holger; Dhingra, Swati; Ottaviano, Gianmarco (2016): How Have EU's Trade Agreements Impacted Consumers? London: Centre for Economic Performance (CEP Discussion Paper, 1417).

Breuss, Fritz (2003): Reale Aussenwirtschaft und Europäische Integration. Frankfurt am Main [u.a.]: Lang.

Breuss, Fritz (2005): Österreich und Schweiz. Erfahrungen mit und ohne EU-Mitgliedschaft. In: *Österreichisches Institut für Wirtschaftsforschung (Monatsberichte)* 78 (10), S. 681–714.

Buchan, David (2012): Outsiders On The Inside. Swiss And Norwegian Lessons For The UK. o.O.: Centre for European Reform.

Busch, Berthold; Matthes, Jürgen (2016a): Ökonomische Konsequenzen eines Austritts aus der EU Am Beispiel des Brexits. Köln: Institut der deutschen Wirtschaft Köln.

Busch, Berthold; Matthes, Jürgen (2016b): Was kommt nach dem Brexit? Erwägungen zum zukünftigen Verhältnis zwischen der Europäischen Union und dem Vereinigten Königreich. Köln: Institut der deutschen Wirtschaft Köln.

Busch, Oliver (2015): Grexit und Brexit aus Verrechnungspreissicht. In: *Der Betrieb* 68 (27/28), S. 1548–1552.

Büter, Clemens (2010): Außenhandel. Grundlagen globaler und innergemeinschaftlicher Handelsbeziehungen. 2. Aufl. Heidelberg: Springer.

Cameron, David (2013): EU speech at Bloomberg. London, 23.01.2013. Online verfügbar unter https://www.gov.uk/government/speeches/eu-speech-at-bloomberg, zuletzt geprüft am 18.11.2017.

Campos, Nauro F.; Coricelli, Fabrizio; Moretti, Luigi (2014): Economic Growth and Political Integration: Estimating the Benefits from Membership in the European Union Using the Synthetic Counterfactuals Method. Bonn: Forschungsinstitut zur Zukunft der Arbeit (Discussion Paper Series, 8162).

Campos, Nauro F.; Coricelli, Fabrizio; Moretti, Luigi (2015): Norwegian Rhapsody? The Political Economy Benefits of Regional Integration. Bonn: Forschungsinstitut zur Zukunft der Arbeit (Discussion Paper Series, 9098).

Centre for Economics and Business Research (2015): The impact UK being single market report stronger Europe. Report for Britain Stronger in Europe. London: Centre for Economics and Business Research.

Ciuriak, Dan; Xiao, Jingliang; Ciuriak, Natassia; Dadkhah, Ali; Lysenko, Dmitry; Narayanan, G. Badri (2015): The Trade-Related Impact of a UK Exit from the EU Single Market. Ciuriak Consulting. Online verfügbar unter https://papers.ssrn.com/sol3/papers.cfm?abstract_id=2620718.

Congdon, Tim (2016): Too Much Regulation. In: Economists for Brexit (Hg.): The Economy after Brexit, S. 11–12.

Corden, Warner Max (1972): Economies of scale and customs union theory. In: *Journal of political economy* 80 (3), S. 465–475.

Costinot, Arnaud; Rodríguez-Clare, Andrés (2013): Trade theory with numbers. Quantifying the consequences of globalization. London: Centre for Economic Policy Research (Discussion Paper Series, 18896).

Crafts, Nicholas F.R. (2016): The growth effects of EU membership for the UK. A review of the evidence. Coventry: University of Warwick Department of Economics (Working paper series, no. 280).

Demary, Markus; Voigtländer, Michael (2016): Will Brexit dwarf London's competitiveness as a financial centre? Köln: Institut der deutschen Wirtschaft Köln.

Dhingra, Swati; Ottaviano, Gianmarco; Sampson, Thomas; van Reenen, John (2016a): The consequences of Brexit for UK trade and living standards. London: Centre for Economic Performance (CEP Brexit analysis, no. 2).

Dhingra, Swati; Ottaviano, Gianmarco I.P.; Sampson, Thomas; van Reenen, John (2016b): The UK Treasury analysis of 'The long-term economic impact of EU membership and the alternatives': CEP Commentary. London: Centre for Economic Performance (CEP Brexit analysis, no. 4).

Dhingra, Swati; Sampson, Thomas (2016): Life after BREXIT. What are the UK's options outside the European Union? London: Centre for Economic Performance (CEP Brexit analysis, no. 1).

Dicke, Hugo; Foders, Federico (2000): Wirtschaftliche Auswirkungen einer EU-Erweiterung auf die Mitgliedstaaten. Tübingen: Mohr Siebeck (Kieler Studien, 309).

Disdier, Anne-Célia; Head, Keith (2004): The puzzling persistence of the distance effect on bilateral trade. Mailand: Centro Studi Luca d'Agliano (Development studies working papers, n. 186).

Ebell, Monique; Warren, James (2016): The Long-Term Economic Impact of Leaving the EU. In: *National Institute Economic Review* 236 (1), S. 121–138.

Economists for Brexit (Hg.) (2016): The Economy after Brexit. Online verfügbar unter https://issuu.com/efbkl/docs/economists_for_brexit_-_the_economy.

Edwards, Sebastian (1997): Openness, productivity and growth. What do we really know? Cambridge: National Bureau of Economic Research (NBER working paper series, 5978).

EEA Review Committee (2012): Outside and Inside. Norway's agreements with the European Union. o.O.: Norwegian Ministry of Foreign Affairs.

EFTA (2017a): Decision Shaping. Online verfügbar unter http://www.efta.int/eea/decision-shaping, zuletzt geprüft am 19.11.2017.

EFTA (2017b): The European Free Trade Association. Online verfügbar unter http://www.efta.int/about-efta/european-free-trade-association, zuletzt geprüft am 16.11.2017.

Erixon, Fredrik (2008): Globalization, earnings and consumer prices. Taking stock of the benefits from global economic integration. Brüssel: European Centre for International Political Economy (ECIPE policy briefs, 5).

Etzold, Tobias (2013): Großbritanniens Zukunft in Europa. Alternativen zur EU-Mitgliedschaft haben mehr Nach- als Vorteile für das Königreich. Berlin: Stiftung Wissenschaft und Politik.

Europäische Kommission (2013): Negotiations for a Plurilateral Agreement on Trade in services. Online verfügbar unter http://europa.eu/rapid/press-release_MEMO-13-107_en.htm, zuletzt geprüft am 26.01.2018.

Europäische Kommission (2014): Regionalpolitik. 10 Fragen zur Kohäsionspolitik. Online verfügbar unter http://ec.europa.eu/regional_policy/de/faq/#1, zuletzt geprüft am 16.11.2017.

Europäische Kommission (2016): Trade. Market Access Database: EU Tariffs. Online verfügbar unter http://madb.europa.eu/madb/euTariffs.htm, zuletzt geprüft am 17.11.2017.

Europäische Kommission (2017a): Countries and regions. Switzerland. Online verfügbar unter http://ec.europa.eu/trade/policy/countries-and-regions/countries/switzerland/, zuletzt geprüft am 10.11.2017.

Europäische Kommission (2017b): Negotiations and agreements. Europäische Kommission. Online verfügbar unter http://ec.europa.eu/trade/policy/countries-and-regions/negotiations-and-agreements/, zuletzt geprüft am 10.11.2017.

Europäische Union (2012): Vertrag über die Arbeitsweise der Europäischen Union, vom Konsolidierte Fassung. In: *Amtsblatt der Europäischen Union* (C 326 / 47).

Eurostat (2016a): Tables, Graphs and Maps Interface (TGM) table. Share of exports to EU in total exports (%). Online verfügbar unter http://ec.europa.eu/eurostat/tgm/refreshTableAction.do?tab=table&plugin=1&pcode=tet00036&language=en, zuletzt geprüft am 29.10.2017.

Eurostat (2016b): Tables, Graphs and Maps Interface (TGM) table. Share of imports from EU in total imports (%). Online verfügbar unter http://ec.europa.eu/eurostat/tgm/refreshTableAction.do?tab=table&plugin=1&pcode=tet00036&language=en, zuletzt geprüft am 29.10.2017.

Farmer, Karl; Vlk, Thomas (2011): Internationale Ökonomik. Eine Einführung in die Theorie und Empirie der Weltwirtschaft. 4. Aufl. Wien [u.a.]: Lit-Verlag.

Felbermayr, Gabriel; Gröschl, Jasmin Katrin; Heiland, Inga; Braml, Martin; Steininger, Marina (2017): Ökonomische Effekte eines Brexit auf die deutsche und europäische Wirtschaft. Studie im Auftrag des Bundesministeriums für Wirtschaft und Energie (BMWi). München: ifo Institut (Ifo-Forschungsberichte, 85).

Fuchs, Hans Joachim (2012): Neue Chancen in China. Mit den aufstrebenden Märkten wachsen, aber geistiges Eigentum schützen. 1. Aufl. München: FBV.

Gandolfo, Giancarlo (2014): International trade theory and policy. 2. Aufl. Heidelberg, New York: Springer.

Gorokhovskij, Bogdan (2003): Das Handelspotenzial der Beitrittsländer in der erweiterten EU. In: *Wirtschaft im Wandel* 9 (3), S. 71–76.

Handelsblatt (2017): Brexit: Deutsche Bank verlegt 4.000 Jobs in die EU. Online verfügbar unter http://www.handelsblatt.com/finanzen/banken-versicherungen/brexit-deutsche-bank-verlegt-4-000-jobs-in-die-eu/20136432.html, zuletzt geprüft am 30.10.2017.

Harris, Richard; Li, Qian Cher (2007): Learning-by-exporting? Firm-level evidence for UK : manufacturing and services sectors. Glasgow: University of Glasgow, Department of Economics (Discussion Paper Series, 22).

Hefeker, Carsten: Die Neuregelung der Beziehungen zwischen der EU und dem UK nach dem Brexit. In: Becker, Peter; Haas, Jörg; Hefeker, Carsten; Hindelang, Steffen; Eichenhofer, Eberhard; Tietje, Christian; Wixforth, Susanne; Ondarza, Nicolai von; Repasi, René; Deutsch, Klaus Günter; Mair, Stefan; Felbermayr, Gabriel (Hg.) 2017 – Die Verhandlungen zum Brexit, S. 9–12.

HM Government (2013): Review of the balance of competences between the United Kingdom and the European Union. The Single Market. London: HM Government.

HM Government (2014): Review of the Balance of Competences between the United Kingdom and the European Union. Trade and Investment. London: HM Government.

HM Government (2016a): Alternatives to membership. Possible models for the United Kingdom outside the European Union. London: HM Government.

HM Government (2016b): Treasury analysis. The long-term economic impact of EU membership and the alternatives. London: HM Government.

Hofmann, Patricia (2009): Die neue neue Außenhandelstheorie. Das Melitz-Modell. Stuttgart, Hohenheim (Schriftenreihe des Promotionsschwerpunkts Globalisierung und Beschäftigung, 30).

Holehouse, Matthew (2015): Major blow for Brexit campaign as US rules out UK-only trade deal. The Telegraph. Online verfügbar unter http://www.telegraph.co.uk/news/worldnews/europe/eu/11962277/Major-blow-for-Brexit-campaign-as-US-rules-out-UK-only-trade-deal.html, zuletzt geprüft am 26.11.2017.

Hornok, Cecília (2012): Need for speed. Is faster trade in the EU trade-creating? Budapest: Magyar Nemzeti Bank (MNB working papers, 2012/4).

House of Commons (2013a): Leaving the EU. London: The Stationery Office Limited. Online verfügbar unter http://researchbriefings.parliament.uk/ResearchBriefing/Summary/RP13-42#fullreport.

House of Commons (2013b): The future of the European Union: UK Government policy. London: The Stationery Office Limited.

Ipsos Mori (2017): Half of people in nine European countries believe UK will vote to leave the EU. Online verfügbar unter https://www.ipsos.com/ipsos-mori/en-uk/half-people-nine-european-countries-believe-uk-will-vote-leave-eu, zuletzt geprüft am 19.11.2017.

Kempa, Bernd (2012): Internationale Ökonomie. Stuttgart: Kohlhammer.

Kierzenkowski, Rafal; Pain, Nigel; Rusticelli, Elena; Zwart, Sanne (2016): The Economic Consequences of Brexit. A Taxing Decision. o.O.: OECD Publishing. OECD Economic Policy Paper (16).

KPMG (2013): Is the China – Switzerland Free Trade Agreement for you? 15. Aufl. o.O. (China Tax Alert).

Krugman, Paul R. (1979): Increasing Returns, Monopolistic Competition and International Trade. New Haven: Yale University.

Krugman, Paul R. (1981): Intraindustry specialization and the gains from trade. In: *Journal of political economy* 89 (5), S. 959–973.

Krugman, Paul R.; Melitz, Marc J.; Obstfeld, Maurice (2015): Internationale Wirtschaft. Theorie und Politik der Außenwirtschaft. 10. Aufl. Hallbergmoos: Pearson Studium.

Krugman, Paul R.; Wells, Robin (2010): Volkswirtschaftslehre. Stuttgart: Schäffer-Poeschel.

Lightfoot, Warwick (2016): The UK's EU Expenditure. In: Economists for Brexit (Hg.): The Economy after Brexit, S. 24–26.

Lorz, Oliver; Siebert, Horst (2014): Außenwirtschaft. 9. Aufl. Konstanz [u.a.]: UVK.

Lyons, Gerard; Garrott, Nicholas (2014): The Europe Report. A Win-Win Situation. London: Greater London Authority.

Maennig, Wolfgang (2013): Aussenwirtschaft. Theorie und Politik. 2. Aufl. München: Vahlen.

Mankiw, N. Gregory; Taylor, Mark P. (2016): Grundzüge der Volkswirtschaftslehre. Unter Mitarbeit von Adolf Wagner und Marco Herrmann. 6. Aufl.
Stuttgart: Schäffer-Poeschel.

Mansfield, Iain (2014): A Blueprint for Britain. Openness not Isolation. Online
verfügbar unter https://iea.org.uk/publications/research/the-iea-brexit-
prize-a-blueprint-for-britain-openness-not-isolation.

Marquardt, Jens-Peter (2018): Brexit-Debatte: März 2019 ist Schluss - und
dann? tagesschau.de. Online verfügbar unter
http://www.tagesschau.de/ausland/brexit-583~_origin-c1b68d96-a5d9-
4b0c-ab85-67ce4faa9fa5.html, zuletzt geprüft am 02.02.2018.

Méjean, Isabelle; Schwellnus, Cyrille (2009): Price convergence in the European
Union. Within firms or composition of firms? Palaiseau: Ecole Polytech-
nique - Centre National de la Recherche Scientifique.

Minford, Patrick; Mahambare, Vidya; Nowell, Eric (2005): Should Britain leave
the EU? An economic analysis of a troubled relationship. Cheltenham: E.
Elgar.

Minford, Patrick; Shackleton, John (Hg.) (2016): Breaking up is hard to do ... :
Britain and Europe's dysfunctional relationship. London: Institute of Economic Affairs.

Moïsé, Evdokia; Le Bris, Florian (2013): Trade Costs - What Have We Learned?
A Synthesis Report. Paris: OECD Publishing (OECD Trade Policy Papers,
150).

Morasch, Karl; Bartholomae, Florian (2011): Internationale Wirtschaft. Handel
und Wettbewerb auf globalen Märkten. Stuttgart: UTB.

Niedermeier, Alexander; Ridder, Wolfram (2017): Das Brexit-Referendum. Hin-
tergründe, Streitthemen, Perspektiven. Wiesbaden: Springer Fachmedien
Wiesbaden.

Obstfeld, Maurice (2016): Das britische EU-Referendum in Zitaten. Online verfügbar unter http://www.wienerzeitung.at/dossiers/brexit/825361_Das-
britische-EU-Referendum-in-Zitaten.html, zuletzt geprüft am 31.01.2018.

Odendahl, Christian; Whyte, Philip; Tilford, Simon; McCann, Philip; Springford, John (2016): The economic consequences of leaving the EU. The final report of the CER commission on Brexit 2016. Updated Report. London: Centre for European Reform.

OECD (2005): Looking Beyond Tariffs. The Role of Non-Tariff Barriers in World Trade. Paris: OECD.

OECD (2010): Measuring Globalization. OECD Economic Globalisation Indicators. Paris: OECD.

Office for National Statistics (2016): UK Perspectives 2016. Trade with the EU and beyond. Online verfügbar unter https://visual.ons.gov.uk/uk-perspectives-2016-trade-with-the-eu-and-beyond/, zuletzt geprüft am 31.10.2017.

Office for National Statistics (2017a): Balance of Payments annual geographical data tables. Online verfügbar unter https://www.ons.gov.uk/file?uri=/economy/nationalaccounts/balanceof pay-ments/adhocs/006656balanceofpaymentsannualgeographicaldatatables/2015updateddetailedgeographictradedata.xls, zuletzt geprüft am 31.10.2017.

Office for National Statistics (2017b): UK Trade: July 2017. Online verfügbar unter https://www.ons.gov.uk/economy/nationalaccounts/balanceofpayments/bulletins/uktrade/july2017, zuletzt geprüft am 16.11.2017.

Office for National Statistics (2017c): Who does the UK trade with? Online verfügbar unter https://visual.ons.gov.uk/uk-trade-partners/, zuletzt geprüft am 03.02.2018.

Ottaviano, Gianmarco; Pessoa, Joao Paulo; Sampson, Thomas (2014): The costs and benefits of leaving the EU. Frankfurt am Main (CFS Working Paper, 472).

Pain, Nigel; Young, Garry (2004): The macroeconomic impact of UK withdrawal from the EU. In: *Economic modelling* 21 (3), S. 387–408.

PriceWaterhouseCoopers (2016): Leaving the EU: Implications for the UK economy. Online verfügbar unter https://www.pwc.co.uk/financial-services/assets/Leaving-the-EU-implications-for-the-UK-FS-sector.pdf.

Reitz, Stefan (2016): Hard-Brexit, Skaleneffekte und das Pfund Sterling: Ex-Bundesbanker Stefan Reitz über den Preis eines britischen EU-Austritts. Online verfügbar unter http://www.ariva.de/news/hard-brexit-skaleneffekte-und-das-pfund-sterling-5909850, zuletzt geprüft am 31.01.2018.

Ricardo, David (1817): On the principles of political economy and taxation. London: J. Murray.

Rose, Klaus; Sauernheimer, Karlhans (2015): Theorie der Außenwirtschaft. 14. Aufl. München: Vahlen.

Rübel, Gerhard (2013): Außenwirtschaft. Grundlagen der realen und monetären Theorie. München: Oldenbourg Wissenschaftsverlag.

Sampson, Thomas (2014): Dynamic selection. An idea flows theory of entry, trade and growth. London: Centre for Economic Performance (CEP Discussion Paper, 1288).

Sampson, Thomas (2016): Four principles for the UK's Brexit trade negotiations. London: Centre for Economic Performance London School of Economics and Political Science (CEP Brexit analysis, no. 9).

Sampson, Thomas; Dhingra, Swati; Ottaviano, Gianmarco; van Reenen, John (2016): Economists for Brexit. A critique. London: Centre for Economic Performance (CEP Brexit analysis, no. 6).

Sauernheimer, Karlhans (2004): Nicht-tarifäre Handelshemmnisse. Analyse der Auswirkungen auf den Außenhandel. In: Zentes, Joachim; Morschett, Dirk; Schramm-Klein, Hanna (Hg.): Außenhandel. Marketingstrategien und Managementkonzepte. 1. Aufl. Wiesbaden: Gabler, S. 161–180.

Schoof, Ulrich; Petersen, Thieß; Aichele, Rahel; Felbermayr, Gabriel (2015): Brexit. Mögliche wirtschaftliche Folgen eines britischen EU-Austritts. In: *Zukunft soziale Marktwirtschaft : policy brief* (5), S. 1–8.

Schweizerische Eidgenossenschaft (2013): Institutional issues. Online verfügbar unter http://bit.ly/2BPgHF9.

Schweizerische Eidgenossenschaft (2017): Die wichtigsten bilateralen Abkommen Schweiz–EU. Eidgenössisches Departement für auswärtige Angelegenheiten EDA. Online verfügbar unter https://www.eda.admin.ch/content/dam/dea/de/documents/folien/Folien-Abkommen_de.pdf.

Schweizerische Eidgenossenschaft (2018a): Bilaterale I. Online verfügbar unter https://www.eda.admin.ch/dea/de/home/europapolitik/ueberblick/bilaterale-1.html, zuletzt geprüft am 20.01.2018.

Schweizerische Eidgenossenschaft (2018b): Bilaterale II. Online verfügbar unter https://www.eda.admin.ch/dea/de/home/europapolitik/ueberblick/bilaterale-2.html, zuletzt geprüft am 26.01.2018.

Shagi, El-Shagi T. el (1988): Handelsgewinne, Handelsrestriktionen und Annahmen der Außenhandelstheorie. In: *Zeitschrift für Wirtschaftspolitik* 37 (2/3), S. 251–264.

Sina, Ralph (2018): EU bietet Großbritannien Ausstieg aus dem Brexit an. tagesschau.de. Online verfügbar unter http://www.tagesschau.de/ausland/brexit-581.html, zuletzt geprüft am 02.02.2018.

Springford, John; Tilford, Simon (2014): The Great British trade-off. The impact of leaving the EU on the UK's trade and investment. Centre for European Reform. o.O.

Stewart-Brown, Ronald; Bungay, Felix (2012): Rules of Origin in EU Free Trade Agreements. London: Trade Policy Research Centre.

The World Bank (2017): Trade (% of GDP). Online verfügbar unter https://data.worldbank.org/indicator/NE.TRD.GNFS.ZS, zuletzt geprüft am 31.10.2017.

Tobler, Christa; Hardenbol, Jeroen; Mellár, Balázs (2010): Binnenmarkt jenseits der EU-Grenzen. EWR und Schweiz. Brüssel: Europäisches Parlament - Generaldirektion für interne Politikbereiche.

United Nations (2017): UN Comtrade Database. Online verfügbar unter https://comtrade.un.org/data/, zuletzt geprüft am 15.11.2017.

Viner, Jacob (1950): The customs union issue. New York: Carnegie Endowment for International Peace (10).

Wagener, Hans-Jürgen; Eger, Thomas (2014): Europäische Integration. Wirtschaft und Recht, Geschichte und Politik. 3. Aufl. München: Vahlen.

Wohlgemuth, Michael; Welter, Friederike; Schmieding, Holger; Lang, Franz Peter; van Roosebeke, Bert (2016): Austritt Großbritanniens aus der EU. Kann die Europäische Union einen Brexit überstehen? In: *Ifo-Schnelldienst* 69 (10), S. 13–26.

WTO (2016a): Members and Observers. Online verfügbar unter https://www.wto.org/english/thewto_e/whatis_e/tif_e/org6_e.htm, zuletzt geprüft am 26.01.2018.

WTO (2016b): Tariff Profiles. European Union. Online verfügbar unter http://stat.wto.org/TariffProfile/WSDBTariffPFView.aspx?Language=E&Country=E28, zuletzt geprüft am 19.10.2017.

WTO (2016c): Trade Profiles. UK. Online verfügbar unter http://stat.wto.org/CountryProfiles/GB_e.htm, zuletzt geprüft am 11.11.2017.

WTO (2017): World Trade Statistical Review 2017. Online verfügbar unter https://www.wto.org/english/res_e/statis_e/wts2017_e/wts17_toc_e.htm.

Anhang

Anhang 1

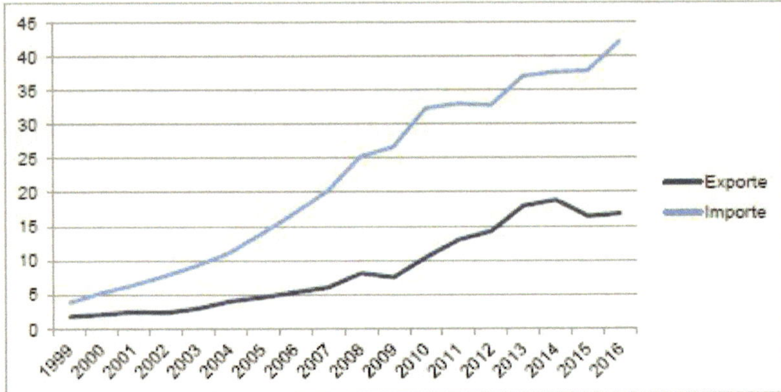

Abbildung 16 Entwicklung des Handels mit China 1999-2016 (in Mrd. GBP)
Eigene Darstellung in Anlehnung an Office for National Statistics 2017c, o.S.

Anhang 2

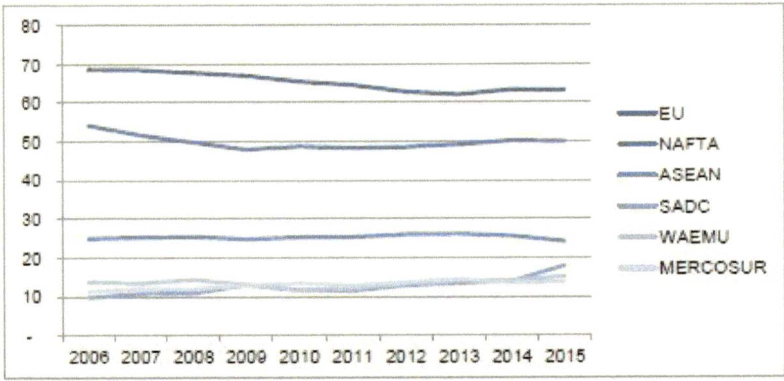

Abbildung 17 Anteil der Exporte innerhalb regionaler Freihandelszonen (in Prozent)
Eigene Darstellung in Anlehnung an WTO 2017, S. 12.

Anhang 3

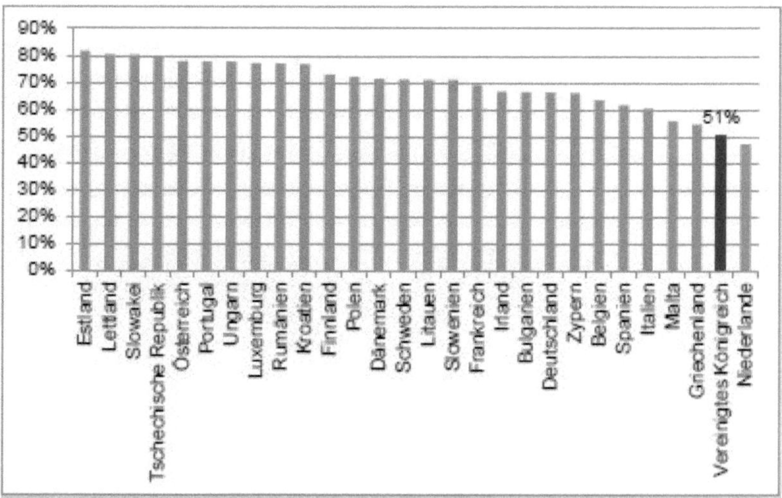

Abbildung 18 Anteil der Importe aus der EU an den Importen gesamt 2016
Eigene Darstellung in Anlehnung an Eurostat 2016b, o.S.

Anhang 4

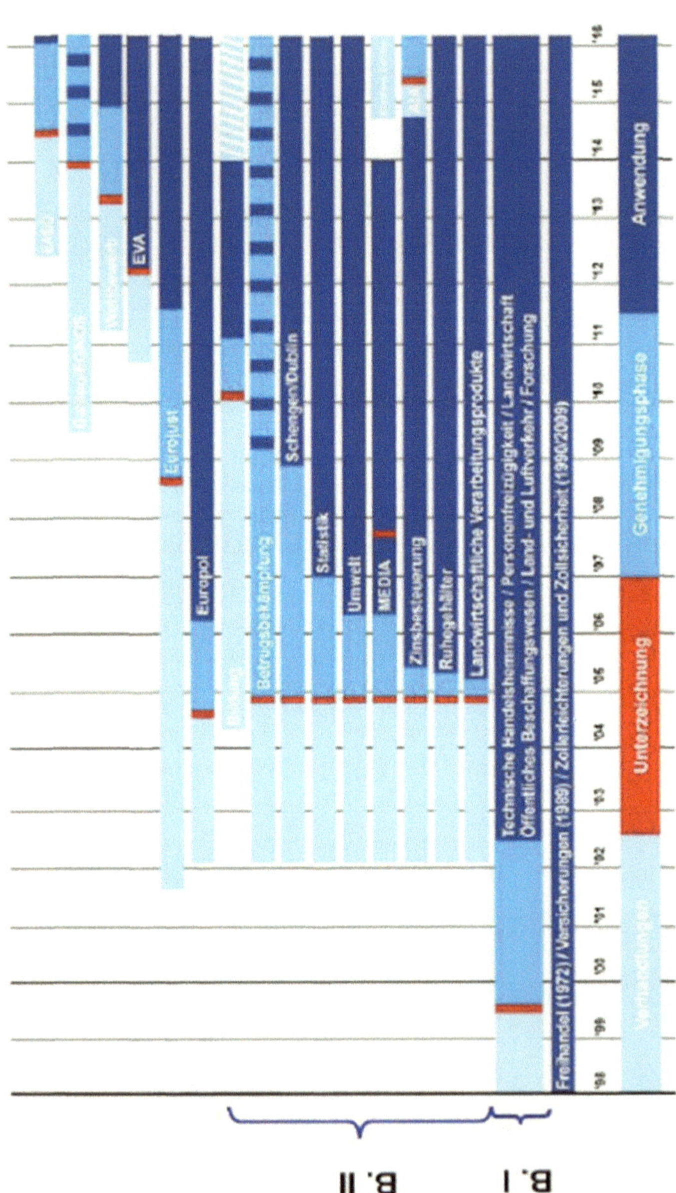

Abbildung 19 Zeitaufwand für die wichtigsten bilateralen Abkommen EU-Schweiz
Schweizerische Eidgenossenschaft 2017, S. 2.